U0728864

人力资源管理理论与服务探究

佟　博　王卫华　杨康宁◎著

中国出版集团　现代出版社

图书在版编目（CIP）数据

人力资源管理理论与服务探究 / 佟博 , 王卫华 , 杨
康宁著 . -- 北京 : 现代出版社 , 2023.9
ISBN 978-7-5143-9911-0

Ⅰ . ①人… Ⅱ . ①佟… ②王… ③杨… Ⅲ . ①人力资
源管理—研究—中国 Ⅳ . ① F249.23

中国国家版本馆 CIP 数据核字 (2023) 第 153209 号

人力资源管理理论与服务探究

作　　者	佟　博　王卫华　杨康宁	
责任编辑	刘　刚	
出版发行	现代出版社	
地　　址	北京市朝阳区安外安华里 504 号	
邮　　编	100011	
电　　话	010-64267325　64245264（传真）	
网　　址	www.1980xd.com	
电子邮箱	xiandai@cnpitc.com.cn	
印　　刷	北京四海锦诚印刷技术有限公司	
版　　次	2023 年 9 月第 1 版　2023 年 9 月第 1 次印刷	
开　　本	185mm×260mm　1/16	
印　　张	10.5	
字　　数	249 千字	
书　　号	ISBN 978-7-5143-9911-0	
定　　价	58.00 元	

前　言

随着社会、经济和技术的不断发展，人力资源的重要性逐渐为人们所认识。现今，人力资源管理理论与服务的探索旨在适应不断变化的组织环境和需求，帮助组织更好地管理和发展人力资源，实现组织的长期成功和竞争优势。

基于此，本书以"人力资源管理理论与服务探究"为题，第一，阐述人力资源管理的基本认识，内容包括什么是人力资源、人力资源管理概述、人力资源管理的环境分析、人力资源管理理论及原理；第二，人力资源规划与工作分析，内容涉及人力资源规划及其制订、工作分析与工作设计；第三，解读人力资源的招聘与培训开发，内容涵盖员工招聘与甄选、人员录用与评估、员工培训与开发；第四，分析人力资源的绩效与薪酬管理，内容包括绩效管理与考核方法、薪酬的构成及其形式、薪酬体系设计与管理、员工福利与劳动关系管理；第五，人力资源的特色服务探析，内容涉及人力资源的猎头服务、人力资源的派遣服务、人力资源的外包服务、人力资源的就业服务；第六，探究人力资源服务业的转型升级与创新发展，内容涵盖人力资源服务业发展历程与现状分析、人力资源服务业转型升级的挑战与机遇、人力资源服务业转型升级的动力机制、人工智能时代人力资源服务业的新发展。

本书结构完整，视野广阔，层次清晰，用通俗易懂的语言和系统化的结构，紧跟时代潮流，满足用户不断更新的需求。同时，利用科学技术，进一步推动人力资源管理理论与服务的现代化高质量发展。本书可供广大人力资源管理与服务相关从业人员、高校师生与知识爱好者阅读使用，具有一定的参考价值。

本书在写作过程中，得到了许多专家、学者的帮助和指导，在此表示诚挚的谢意。由于笔者水平有限，加之时间仓促，书中所涉及的内容难免有疏漏之处，希望各位读者多提宝贵意见，以便笔者进一步修改，使之更加完善。

目　录

第一章　人力资源管理的基本认识

第一节　什么是人力资源

资源可以分为自然资源、资本资源、信息资源和人力资源等。人力资源是指在组织中管理和开发人力资本的活动和实践。它涉及招聘、培训、绩效管理、薪酬福利、员工关系、员工发展和组织变革等方面的工作。"人力资源是一种以人为载体的资源，是存在于人体中以体能、知识、能力、个性行为特征等为具体表现的经济资源。"[①]

一、人力资源的构成

人力资源由以下几类人口构成，具体划分如下。

（一）适龄就业人口

适龄就业人口是指那些年龄在工作年龄范围内，具备一定劳动能力并有就业意愿的人口。这个范围可以根据不同国家和地区的法律和政策而有所不同，但通常指的是年满法定劳动年龄（通常为 18 岁或以上）且尚未达到退休年龄（通常为 60 岁或以上）的人口。适龄就业人口的数量和质量对一个国家或地区的经济发展及劳动力市场状况具有重要意义。适龄就业人口的充分就业对一个国家或地区的经济和社会发展至关重要。通过创造更多的就业机会、提供良好的劳动条件、促进技能培训和职业发展，可以实现适龄就业人口的充分就业，促进经济增长、减少社会不平等，并提高人民生活水平。

（二）待就业人口

待就业人口是指处于劳动年龄之内的、具有劳动能力并希望参与社会劳动的人口，包括毕业生、失业者以及其他未参与劳动力市场但希望找到工作的个体。待就业人口通常是

---

① 宋在玲.认知人力资源特点努力开发人力资源［J］.煤矿现代化，2004（3）：9-10.

经济活动力的一部分，他们具备劳动能力并且愿意加入就业队伍，但尚未找到合适的工作。政府和社会机构通常会关注待就业人口的情况，通过提供就业指导、培训和创造更多的就业机会来满足他们的就业需求。同时，待就业人口的统计数量和比例也是评估劳动力市场状况和就业政策有效性的重要指标之一。

（三）就学人口

就学人口是指正在接受教育或学习的人群，通常是指各个年龄段的学生，包括幼儿园、小学、初中、高中、大学和其他教育机构的学生，以及成人继续教育的学员。

就学人口是一个重要的统计指标，用于评估教育体系的规模和覆盖范围，以及为制定教育政策和规划提供依据。统计就学人口可以帮助政府和教育机构了解教育需求、规划学校资源、制订教育经费分配方案等。此外，就学人口也是衡量教育普及程度和社会发展的重要指标之一。

统计就学人口通常涉及不同年龄段和教育阶段的人口数据，包括入学率、毕业率、性别比例、地区分布等。这些数据可以提供有关教育机会均等性、教育质量和教育机构的资源利用情况等方面的信息。

（四）未成年就业人口

未成年就业人口是指那些未满法定劳动年龄但已经参与劳动力市场并从事工作的人口。中国法律规定，未满 18 周岁的自然人即为未成年人。未成年就业人口的存在反映了一些社会和经济现实，如家庭经济贫困、教育资源不足、就业机会有限等。

为了保护未成年就业人口的权益和福祉，各国都制定了相关的法律和政策。这些法律和政策通常规定了合法就业的年龄界限、工作时间的限制、工作条件的要求等。政府、雇主和社会各界应当共同努力，确保未成年就业人口得到适当的保护和支持，包括提供安全的工作环境、教育和培训机会，以及加强监督和执法工作。

此外，教育和家庭也起着关键的作用。提供优质的教育和培训，帮助未成年人获得必要的知识和技能，可以为他们的未来提供更好的机会。家庭和社会应当共同关注未成年人的发展和福祉，鼓励他们接受教育，并提供支持和引导，以帮助他们更好地平衡学习和工作。最后，减少未成年就业人口并保护他们的权益需要全社会的努力。政府、雇主、教育机构、家庭和社会各界应当合作，共同促进教育和劳动力市场的发展，以确保未成年人能够充分发展其潜力，并为他们提供更好的未来。

（五）老年就业人口

中国老年就业人口是指年龄在法定退休年龄之后，仍然继续从事工作或寻找就业机会的人口。在中国，法定的退休年龄通常为女性 55 岁、男性 60 岁。随着医疗技术的进步和人口老龄化趋势的加剧，越来越多的老年人选择继续参与劳动力市场，延长他们的职业生涯或重新加入工作人群。老年就业人口可能是退休后重新就业的人，也可能是之前从未退休的人，他们可能因为各种原因（例如经济需求、社交需求或个人兴趣）而继续从事工作。政府和组织也越来越关注老年就业人口的就业机会和需求，制定相应的政策和计划来支持与促进他们就业。

（六）其他人口

其他人口是处于劳动年龄之内的其他人口。除了适龄就业人口、待就业人口、就学人口、未成年就业人口和老年就业人口，其他人口可以指以下几个群体：①在职人口。在职人口是指已经就业并且正在从事工作的人群，包括全职员工、兼职员工以及自雇人士。②失业人口。失业人口是指正在积极寻找工作但目前没有工作的人群，包括已经失业的人和首次进入劳动力市场的求职者。③退休人口。退休人口是指已经达到法定退休年龄或者选择提前退休的人群，他们不再从事正式的工作。④家庭主妇/主夫。家庭主妇/主夫是指选择在家照顾家庭成员、没有正式就业的人群。⑤自由职业者/自主创业者。自由职业者/自主创业者是指选择自主创业、从事自由职业或者作为独立顾问、承包商等形式工作的人群，他们不依赖于传统的雇佣关系。⑥无业人口。无业人口是指没有工作且没有积极寻找工作的人群，可能因为各种原因暂时或长期地没有参与劳动力市场。这些人口群体反映了不同的就业和职业状态，了解它们的情况可以帮助政府、社会机构和研究者更好地理解劳动力市场的组成和变化。

二、人力资源的特征

（一）人力资源的主观能动性

人不同于自然界其他动物的根本标志之一是人具有主观能动性，能够积极主动、有目的、有意识地认识世界和改造世界。在对客观世界进行改造的过程中，人通过意识对所采取的行为、手段及结果进行分析、判断和预测。人具有的社会意识和在社会生产过程中所处的主体地位使人力资源具有了能动作用。人力资源的主观能动性主要表现在以下三个方面：①自我强化。通过接受教育或主动学习，使自己的知识或技能得到提高。②选择职业。在劳动力市场上具有择业的自主权利，每个人都可以按照自己的爱好和特长自由地选择职业。③积极劳动。人在劳动过程中会产生敬业、爱业精神，能够积极主动地利用自己的知识和技能，有效地利用自然资源、资本资源和信息资源促进社会和经济发展。

（二）人力资源的时效性

人力资源时刻存在于人的生命中，它是一种具有生命的资源，它的形成、开发和利用都受到时间的限制。从个体角度来看，作为动物有机体的人是有着自己的生命周期的，如幼儿期、壮年期、老年期，不同阶段的劳动能力是不同的，因而这种资源在各个时期的可利用程度也是不同的。从社会角度来看，由于时间的推移，社会不断向前发展，科学技术不断进步，使人的知识和技能相对老化。因此，人力资源开发必须尊重其内在规律，使人力资源的形成、开发、配置和利用处于一种动态的平衡之中。

（三）人力资源的社会性

每个组织都有它自身的文化特征，每种文化都是一个组织的共同取向，而且这种文化特征是通过人这个载体表现出来的。由于每个人自身受到的民族文化和社会环境影响各不相同，其个人的价值观也存在差异，因此他们在生产经营活动中的行为可能与组织文化所倡导的行为准则发生矛盾，也可能与他人的行为准则发生矛盾。这就要求人力资源要注重团队的建设，注重人与人、人与群体、人与社会的关系及利益的协调与整合，要倡导团队精神。

（四）人力资源的双重性

人力资源既是投资的结果，同时又能创造财富；或者说，它既是生产者，也是消费者。人力资源的双重性，要求我们要重视人力资源的开发和人才的培养，充分利用和开发现有的人力资源，降低人力资源成本，获取人力资源收益。

（五）人力资源的可再生性

与物质资源一样，在使用人力资源的过程中也会出现有形磨损和无形磨损。人自身的疲劳和衰老就是有形磨损，这一损耗是无法避免、不能抗拒的。无形磨损是指个人的知识和技能与科学技术发展相比的相对老化，我们可以通过采取一定的方式减少这种损耗。物质资源在形成产品、投入使用并磨损以后，一般予以折旧回收，不存在继续开发的问题。

但是在使用人力资源的过程中，有一个可持续开发、丰富再生的独特过程，即使用过程也是开发过程。人在工作以后，可以通过不断的学习使自己的知识得到更新，并提高自己的技能；通过工作，可以积累经验、丰富自我达到持续开发。这要求人力资源的开发与管理要注重终身教育，对员工的培训与开发需要不断加强。

（六）人力资源的持续性

与物质资源的一次性开发不同，人力资源的使用过程同时也是开发过程，而且这种开发过程是具有持续性的。组织（包括企业、单位，以下统称"组织"）可以通过各种渠道和方式，促使人力资源的素质能力能在使用中被不断地开发出来，而且，人力资源开发是对全社会的人力资源即从幼儿开始的教育到成年后的使用、调配、继续教育、管理，直到老年退休后等全过程的整体性、综合性、全面性的持续行为过程。

三、人力资源的作用

（一）促进财富形成

人力资源是构成社会经济运动的基本前提。从宏观的角度来看，人力资源不仅在经济管理中必不可少，而且是组合、运用其他各种资源的主体。也就是说，人力资源是能够推动和促进各种资源实现配置的特殊资源，它和自然资源一起构成了财富的源泉，在财富形成过程中发挥着关键性的作用。人力资源在自然资源向财富转化过程中起着重要的作用，它使自然资源转变成社会财富，人力资源的价值也同时得以转移和体现。人力资源的使用量决定了财富的形成量，在其他要素可以同比例获得并投入的情况下，人力资源的使用量越大，创造的财富就越多。

（二）支持经济发展

人力资源不仅决定着财富的形成，随着科学技术的不断发展，知识技能的不断提高，人力资源对价值创造的贡献力度越来越大，社会经济发展对人力资源的依赖程度也越来越高。

知识、技术等人力资源的不断发展和积累直接推动物质资本的不断更新与发展。知识和技术在发达国家的国民收入中所占的比重越来越大。目前世界各国都非常重视人力资源的开发和建设，力图通过不断提高人力资源的质量来实现经济和社会的快速发展。

第二节　人力资源管理概述

管理是指组织协调和监督资源、人力、资金和信息等方面的活动，以实现预定目标并有效地完成任务。人力资源管理是指运用现代科学方法，对符合组织用人需求的人力进行合理培训、组织和调配，以保持人力和现有物质资源之间的最佳平衡。同时，它还涉及对个体的思想、心理和行为进行恰当的引导、控制和协调，以充分发挥个体的主观能动性，使人适其事，事得其人，人事相宜，以实现组织目标。"随着我国经济体制的改革，人力资源管理的研究以及实践也随之从导入、发展、成熟阶段发展到创新重塑阶段。"①

一、人力资源管理的任务与目标

（一）人力资源管理的任务

人力资源管理的任务可从组织和员工两个角度分析。

1. 组织角度

（1）使员工的态度、行为、价值观念符合组织的需要。员工在个性表现、教育经历、生活背景等方面各有不同，从而形成了不同的工作态度、行为和价值观念，当其符合组织需要时，对组织的发展起促进作用，反之则起阻碍作用。人力资源管理活动就是寻找、培养符合组织需要的员工，即培养员工对组织的献身精神。人力资源管理的措施有以下几个方面：①树立以人为本的价值观念；②实现双向沟通；③确保公平；④培养团队意识和团队精神；⑤采用"以价值观为基础"的聘用政策；⑥为员工提供就业安全保障；⑦实施"员工与组织共同体"的薪酬计划；⑧为员工提供个人价值自我实现的机会。

（2）促使人力资源的使用价值最大化。人力资源具有一定的潜在性，其潜力是可以被开发和激发的。通过人力资源的培训、开发、教育以及强有力的激励措施，把员工的创造性、积极性激发出来，不仅能促使员工人力资源的使用价值最大化，而且使员工的人力资源价值得到最大的实现。据调查发现，员工在工作中只需发挥自己 20%～30% 的能力，就能完成岗位工作任务，但如果能充分调动其积极性和创造力，其潜力可发挥出 80%～90%，从而创造出更大的价值。

（3）提高组织劳动生产率和经营绩效。员工是组织生产活动的重要资源，组织劳动生

---

① 罗庆，罗忍．人力资源价值管理的发展研究［J］．中国集体经济，2023（8）：101-104.

产率的高低与经营绩效水平的高低和员工有着密切的关系。进行人力资源管理的目的就是通过规范员工行为、提高员工技能、鼓励创新和努力工作、合理配置资源来改进员工工作绩效，进而实现组织劳动生产率和经营绩效水平的提高。

（4）获取持续不断的竞争优势。竞争优势就是一个组织能够更有效地为消费者提供其所需要的产品或服务，从而在绩效方面超越其他组织的能力。组织有效的人力资源管理是获取竞争优势的重要源泉。

（5）实现组织的战略目标。人力资源不仅是组织的生产要素，更是组织的战略性资源。战略性人力资源管理是组织战略管理的有机组成部分，依据核心人力资源建立组织的竞争优势，从而实现组织的战略目标。

2. 员工角度

（1）改善员工工作、生活质量。要想使员工处于最佳的工作状态，组织就要创造出一种积极向上、有情感归属、氛围良好的工作环境。这种环境是否形成，可用工作现场的工作、生活质量来衡量。工作、生活质量是指员工重要的个人需要能在工作中得到满足的程度，至少包括：有价值的工作内容、安全的工作条件、满足的薪金与福利、安全的就业保障、充分的工作指导、工作绩效反馈、成长和发展的机会、增长才干的机会、积极的社会环境、公正公平的交往。人力资源管理者的主要职责就是设计和实施一整套制度体系，让员工在这些方面得到最大的满足。例如，用工作设计帮助员工确定所做工作是否有价值，用安全与健康计划保障员工能够在安全无忧的环境中安心地工作等。一个有效的人力资源管理部门能够帮助组织创造一种促使员工努力工作的环境，不断提高员工的工作、生活质量。

（2）员工个人的价值追求得到满足。尽管组织经营的目标是追求利润最大化，但是随着经济社会的发展和员工需求层次的变化，组织不得不将视角从重视组织逐步转向员工，员工个人的成功、价值的实现、精神需求的满足也成为人力资源管理的主要内容和目标。

（3）促进人的全面发展。组织不仅要重视员工的贡献，还要重视对员工的培养和员工的成长。组织通过人力资源管理，使员工完善个人的意志和品格，提升自身的脑力和体力，获得更为全面的自由发展，有助于实现人与组织、社会的和谐发展，这是人力资源管理的最高境界。

（二）人力资源管理的目标

人力资源管理目标是指组织人力资源管理需要完成的职责和需要达到的绩效。人力资源管理既要考虑组织目标的实现，又要考虑员工个人的发展，强调在实现组织目标的同时实现个人的全面发展。

1. 人力资源管理目标的内容

人力资源管理目标包括全体管理人员在人力资源管理方面的目标与任务和专门的人力资源管理部门的目标与任务。显然两者有所不同，属于专门的人力资源管理部门的目标与任务不一定是全体管理人员的人力资源管理目标与任务，而属于全体管理人员承担的人力资源管理目标与任务，一般都是专门的人力资源管理部门应该完成的目标与任务。

无论是专门的人力资源管理部门还是其他非人力资源管理部门，进行人力资源管理的目标与任务，主要包括以下三个方面：①保证组织对人力资源的需求得到最大限度的满足；②最大限度地开发与管理组织内外的人力资源，促进组织的持续发展；③维护和激励组织内部人力资源，使其潜能得到最大限度的发挥，使人力资本得到应有的提升和扩充。

2. 人力资源管理目标的组成

（1）人力资源管理的总体目标。人力资源管理的总体目标是指通过人力资源管理活动所争取达到的一种未来状态。它是开展各项人力资源管理活动的依据和动力。

人力资源管理的最高目标是促进人的发展。从生理学角度来看，人的发展包括生理发展与心理发展。前者是后者的基础，后者的发展进一步影响和促进前者的发展。从教育学角度来看，人的发展包括全面发展与个性发展。全面发展是指人的体力和智力以及人的活动能力与道德品质的多方面发展，个性发展是指基于个性差异基础上的个人兴趣、特长的开发与发展。全面发展和个性发展是相互促进的关系，二者有机结合是社会高度发展的产物，也是人力资源开发与管理的最高目标。

（2）人力资源管理的根本目标。人力资源管理的目标是为充分、科学、合理地发挥和运用人力资源对社会经济发展的积极作用而进行的资源配置、素质提高、能力利用、开发规划等。发挥并有效地运用人的潜能是其根本目标，因为已经存在的人力，并不等于现实的生产力，它常常是以潜在的形态存在。所以，人力资源管理的根本目标就是采用各种有效的措施充分发挥劳动者潜力，提高劳动者质量，改善劳动者结构，合理配置和管理使用，以促进劳动者与生产资料的最佳结合。

总之，人力资源开发与管理的重要目标就是取得人力资源的最大使用价值，发挥其最大的主观能动性，培养全面发展的人。

二、人力资源管理的功能与职能

(一) 人力资源管理的功能

在国内的学者和著作中，提及人力资源管理功能的并不是很多，有学者认为，人力资源管理功能主要有五个：获取、整合、奖酬、调控和开发。

第一，获取。它主要包括人力资源规划、招聘与录用。为了实现组织的战略目标，人力资源管理部门要根据组织结构确定职务说明书与员工素质要求，制订与组织目标相适应的人力资源需求与供给计划，并根据人力资源的供需计划开展招募、考核、选拔、录用与配置等工作。显然，只有首先获取了所需的人力资源，才能对之进行管理。

第二，整合。这是使员工之间和睦相处、协调共事、取得群体认同的过程，是员工与组织之间个人认知与组织理念、个人行为与组织规范的同化过程，是人际协调职能与组织同化职能。现代人力资源管理强调个人在组织中的发展，个人的发展势必会引发个人与个人、个人与组织之间的冲突，产生一系列问题。其主要内容有：①组织同化，即个人价值观趋同于组织理念、个人行为服从于组织规范，使员工与组织认同并产生归属感；②群体中人际关系的和谐，组织中人与组织的沟通；③矛盾冲突的调解与化解。

第三，奖酬。它是指为员工对组织所做出的贡献，给予奖酬，是履行人力资源管理的激励与凝聚职能，也是人力资源管理的核心。其主要内容是根据对员工工作绩效进行考评，公平地向员工提供合理的、与他们各自的贡献相称的工资、奖励和福利。设置这项基本功能的根本目的在于增强员工的满意感，提高其劳动积极性和劳动生产率，增加组织的绩效。

第四，调控。这是对员工实施合理、公平的动态管理的过程，是人力资源管理中的控制与调整职能。它包括科学合理的员工绩效考核与素质评估：以考评与评估结果为依据，对员工实行动态管理，如晋升、调动、奖惩、离退、解雇等。

第五，开发。这是人力资源开发与管理的重要功能。广义上的人力资源开发包括人力资源数量与质量的开发。人力资源的数量开发，从宏观上看主要方法有人口政策的调整、人口的迁移等；对于组织而言，其人力资源数量的开发方法有招聘、保持等。人力资源的质量开发是指对组织内员工素质与技能的培养与提高，使他们的潜能得到充分发挥，最大限度地实现其个人价值。它主要包括组织与个人开发计划的制订、组织与个人对培训和继续教育的投入、培训与继续教育的实施、员工职业生涯开发及员工的有效使用。以往我们在开展人力资源开发工作时，往往只注重员工的培训与继续教育，而忽略了员工的有效使用。事实上，对员工的有效使用是一种投资最少、见效最快的人力资源开发方法，因为它只需将员工的工作积极性和潜能充分发挥出来即可转换为劳动生产率。当员工得到有效使用时，对员工而言，其满意感增强，劳动积极性提高；对组织而言，则表现为员工得到合理配置、组织高效运作、劳动生产率提高。

总之，人力资源管理功能是指它自身所具备或应该具备的作用，这种作用并不是相对于其他事物而言的，而是具有一定的独立性，反映了人力资源管理自身的属性。人力资源管理功能主要体现在四个方面：①吸纳。吸纳功能主要是吸引并让优秀的人才加入组织，该功能是人力资源管理的基础。②维持。维持功能是指让已经加入的员工继续留在本组织工作，该功能是人力资源管理的保障。③开发。开发功能是指让员工保持能够满足当前及未来工作需要的技能，该功能是人力资源管理的手段。④激励。激励功能是指让员工在现有的工作岗位上创造出优良的绩效，该功能是人力资源管理的核心。

（二）人力资源管理的职能

人力资源管理的职能概括为以下八个方面。

第一，人力资源规划。人力资源规划是一项系统的战略工程，是实现其他人力资源管理职能的保障。它以组织发展战略为指导，以全面核查现有人力资源、分析组织内外部条件为基础，以预测组织未来的人员供需为切入点，内容包括晋升规划、补充规划、培训开发规划、人员调配规划、工资规划等，基本涵盖人力资源的各项管理工作，人力资源规划还通过人事政策的制订对人力资源管理活动产生持续和重要的影响。

第二，组织设计与职位分析。组织结构设计就是在组织中，对构成组织的各要素进行排列、组合，明确管理层次，分清各部门、各岗位之间的职责和相互协作关系，使其在实现组织的战略目标过程中获得最佳的工作业绩。职位分析是一个确定完成各项工作所需技能、责任和知识的系统过程，是人力资源管理工作的基础，其分析质量对其他人力资源管理模块具有举足轻重的影响。

第三，员工招聘。员工招聘是指组织根据人力资源管理规划和工作分析的要求，从组织内部和外部吸收人力资源的过程。员工招聘包括员工招募、甄选和聘用等内容。

第四，培训与开发。培训与开发主要担负组织人才的选、育、用、留、职能。在组织整体人才规划战略指导下，组织需要怎样的人才，如何通过该模块的职能去实现组织战略目标下的合格人才培养和开发需求，这是培训与开发的重点工作方向。

第五，绩效管理。绩效管理是指各级管理者和员工为了达到组织目标共同参与的绩效计划制订、绩效辅导沟通、绩效考核评价、绩效结果应用、绩效目标提升的持续循环过程。绩效管理的目的是持续提升个人、部门和组织的绩效。

第六，薪酬管理。薪酬管理是人力资源管理职能中最外显的职能。这一职能所要进行的活动有确定薪酬的结构和水平，实施职位评价，制定福利和其他待遇的标准，以及进行薪酬的测算和发放等。

第七，职业生涯规划与管理。职业生涯规划与管理是指组织及员工把个人发展目标与组织发展目标紧密结合，对影响员工职业生涯的个人因素和环境因素进行分析，制订员工个人职业发展战略规划，并创造各种条件促成这种规划得以实现，从而促进组织和员工共同发展。

第八，劳动关系管理。劳动关系管理就是组织中各主体，包括组织所有者、组织管理者、员工和员工代理人等，围绕雇佣和利益关系，形成的权利和义务关系。

总之，对于人力资源管理的各项职能，应当以系统的观点来看待。它们之间相互联系、相互影响，共同形成了一个有机的系统。

第三节　人力资源管理的环境分析

环境是组织确定人力资源政策、制订人力资源方案、实施人力资源管理的各个环节都必须纳入的考虑因素。人力资源管理环境，主要指能够对人力资源管理活动产生影响的各种因素的总和。人力资源管理的环境包括很多具体的内容，凡是在组织外部同时又能对组织的人力资源管理活动产生影响的因素都在这个范围之内，因此，对于不同的组织而言，其具体的环境是不同的。

一、人力资源管理环境的性质

第一，复杂性。人力资源管理的环境因素极为广泛，无所不包，既有物质的，也有精神的；既有有形的，也有无形的；既有外在的，也有内在的；既有直接的，也有间接的。

第二，变动性。人力资源管理的环境因素随着时间、空间以及其他因素的变化而变化。

第三，差异性。每个组织的人力资源管理面对的环境都是不同的，有其自身的独特性。

第四，综合性。人力资源管理活动是多种环境因素综合作用的结果。组织外部的环境和条件是外因，组织内部的环境和条件是内因，内外部的诸种因素相辅相成，影响人力资源管理活动的质量和水平。

现代人力资源管理者必须重视对组织内外环境变化的分析，通过深入的研究，掌握环境要素的一系列特点，把握有利的因素，克服消极的因素，使人力资源管理制度充分体现和反映组织自身的环境、性质和特点，注重人力资源管理制度的不断变革与创新，使人力资源管理活动永远充满活力。

二、人力资源管理的环境类型划分

（一）人力资源管理的外部环境

人力资源的充分开发与科学管理需要良好的政治、经济、社会、文化环境，人力资源管理活动离不开组织的外部环境。组织的外部环境是指组织人力资源开发与管理实施的外在条件，因为这些影响因素都处于组织的范围以外，所以组织并不能直接地控制和影响它们，大多数情况下只能根据外部环境的状况以及变化来采取相应的措施。

影响人力资源管理活动有效实施的外部环境因素主要包括：法律因素、经济因素、文化因素、科学技术因素、竞争者和客户因素等。

1. 法律因素

现代社会是法治社会，法律的权威性正不断影响着人力资源管理的各项活动。尤其是随着依法治国理念的不断深入，法律因素的影响也日益加深。从某种意义上讲，组织的人力资源管理的大量事务就是法律事务。相关法规给组织的人力资源管理增加了难度，提出了更高要求。在越来越完善的法治环境下，制定既符合法律要求，又符合本组织利益和既定发展目标的人力资源管理措施，就成为人力资源管理者急需考虑的问题。

在我国，人力资源管理法律体系经历了一个逐步发展和完善的过程。从我国目前的情况来看，能起到强制性行为约束作用的，除了立法机关颁布的法律外，国务院及其各部门所制定的具有法律效力的法规、规定、条例等也在这个范围之内。涉及人力资源管理的法律法规环境主要可以归纳为以下几个方面：综合性规章、劳动合同和集体合同、工资、工作时间和劳动保护、促进就业和职业培训、社会保险与福利。

总之，政府政策与法律法规除了以上的规定，还强调劳动安全与卫生。政策与法律法规要求用人组织建立完善的劳动保护制度，严格执行劳动安全规程，切实保障劳动者在工作过程中的人身安全。

2. 经济因素

作为经济活动实体，组织本身就是一个经济性的组织，因此，经济因素对人力资源管理活动的影响会更加直接。一个地区、国家乃至全球的经济状况对人力资源管理的影响很大，包括：经济体制、经济发展水平、经济发展态势、就业状况、利率、通货膨胀水平、税收政策、股市行情等。这类因素主要会影响组织对人力资源管理活动的经济投入、人力资源规模、结构以及人员的工资、福利、待遇方案等。

（1）经济体制的影响。经济体制的不同会造成人力资源管理的方式不同。在计划经济体制下，人力资源管理的很多决策都是由政府做出的，包括人员的招聘、薪酬的水平、工资的分配等，组织要做的就是执行政府的政策和上级指示，相应地，组织人力资源管理方式也相对比较简单，只需要按照统一的规定进行事务性的操作即可。

在市场经济体制下，政府不再统一制定各种具体的制度和规定，组织可以根据内外部的各种因素，结合自己的实际情况自行对人力资源进行统一配置，对人力资源管理政策进行调整，并自行做出决策。

（2）经济发展状况和劳动力市场状况的影响。对人力资源需求预测的时候需要综合考虑多方面因素，其中很重要的一个因素就是组织未来的前景，如果预测组织会不断发展壮大，人力资源的需求就要相应增加，反之则要相应减少。组织未来的前景是和整个经济的发展状况紧密联系在一起的，两者具有很强的正相关关系。

此外，劳动力市场的变化是组织薪酬管理必须面对的重要因素。当相关职位的劳动力供给小于需求时，这些职位的薪酬水平就会增加；相反，当供给大于需求时，薪酬水平相应地就会降低。近年来，由于技术工人的相对短缺，组织为了招聘到所需的人员就必须支付相对较高的工资，我国技术工人特别是高级技术工人工资水平的不断上涨，说明了劳动力市场状况对具体薪酬水平的影响。

劳动力市场是组织获取人力资源的源泉。但由于我国区域经济发展水平存在很大差异，因而导致了教育水平的差异，从而使我国人才素质结构有很大的差异，人才分布呈现明显的区域化，受教育程度也不均衡。因此，为了尽可能准确地估计和预测所需人员的方向及获得所需人员的可能性，组织的人力资源管理者必须了解：①人口及劳动力队伍的文化水平构成，尤其是受过高中以上教育的人口及劳动力（包括在校学生）的数量、年龄构成及地区分布情况；②专业技术人才队伍的数量、发展速度，培养及获得渠道，专业技术人才的学历、年龄及专业构成，专业技术人才的地区及行业分布情况；③管理人才的供给状况，培养及获得渠道等。

3. 文化因素

无论从宏观角度还是微观角度来讲，文化因素无疑都对人力资源管理具有重要的影响，主要表现为两个方面：①人力资源来自一定的社会文化环境中，他们所具有的一定价值观和行为准则，会促使人力资源管理选择特定的模式；②文化会较大程度地影响着人力资源管理者的思维倾向，管理者接受与形成的社会意识形态、价值观，会作用于人力资源管理的过程和活动。同时，由于不同国家、地区、组织的文化存在着一定的差异，导致其成员的思维方式和行为方式也不完全相同，因此会对人力资源管理产生重要的影响。

组织在进行人力资源开发与管理的时候，不得不面临这些因文化背景差异造成的行为差异，而使管理活动复杂、难度加大。因此，人力资源管理者在实施管理的同时必须把成员所处的文化背景纳入考虑。我国有着五千年的文化传统，深受儒家文化的影响，如何纵观历史，联系现实，探索以文化为导向的人力资源管理模式需要付出更多的努力。

4. 科学技术因素

科学技术环境包括科学与技术的发展水平，以及科学技术作为新的知识或技术手段被社会广泛应用的程度。现代科学技术的迅猛发展，会使现有的工作发生根本性变化，技术和产品更新周期越来越短，导致现有的工作岗位不可避免地被不断淘汰，而要求新技术、新知识、新技能的新工作岗位不断出现。因此，科技的快速进步给人力资源管理带来的最具挑战性的工作是有效地开发和培训员工，使之跟上迅速发展的技术变化。

现代科学技术的发展迅速地改变着组织的人力资源管理活动，并给现代人力资源管理提出了新的挑战。从本质上来说，在市场经济条件下，技术进步对经济发展的影响，就是组织对新技术开发的投入、采用和扩散，是人力资源价值的集中体现。新技术的快速扩散，会给组织带来竞争优势，也能扩大人力资源的供需平台，增强人才流动。因此，人力资源管理和发展的导入，使人力资源体现的技术正在越来越成为组织生存和发展的关键因素。

5. 竞争者和客户因素

在新经济时代，组织与组织之间的竞争日益激烈，而所有竞争归根结底是人才的竞争。在某种意义上甚至可以说，人力资源竞争的成败将决定组织竞争的成败。正因如此，各组织对人力资源，尤其是关键性人力资源的争夺已趋于白热化。在这种背景下，为了在激烈的市场竞争中保持自己的核心竞争力，组织的人力资源管理水平就必须不断提高。同时，还要高度关注竞争对手的人力资源管理政策。

实际上，客户也是人力资源管理外部环境中一个必须考虑的重要因素。在买方市场条件下，客户就是上帝，客户常常要求高质量的产品和售后服务，因此，组织中的人力资源应该有能力提供优质的商品和服务。这些都对组织的人力资源管理提出了更高的要求，包括提供和增加员工的培训机会，优化其学习与成长的环境和条件，完善考核、报酬体系等问题，提高员工的工作积极性和主动性，从而更好地为客户服务。

（二）人力资源管理的内部环境

任何组织的人力资源管理活动都来自组织自身的基础，因此，在关注组织外部环境诸多因素的同时，也要考虑组织自身因素的影响，使人力资源管理活动落脚于组织自身，既不可以固守组织自身的缺点，又不可以盲目追随外部环境的潮流发展。相对外部环境而言，内部环境的各种因素都处于组织的范围之内，因此，组织能够直接控制和影响它们。

人力资源管理内部环境，是指在组织系统之内能够对人力资源管理活动产生影响的各种因素。人力资源管理的内部环境因素包括两个层次：一是整体方面的组织发展战略和组织结构；二是具体的人力资源管理活动的主体。其中，组织发展战略与组织结构和人力资源管理的关系极为密切。在组织中，行使人力资源管理活动的基本职能不仅仅是人力资源管理部门的专职，它还广泛地涉及组织中的各个方面和层次。一般来讲，人力资源管理活动的执行者主要由组织的领导者、人事机构和直线管理人员共同组成。领导者的观念决定了组织行为中对人力资源的重视程度；人事机构的人员为人力资源的吸收、保留、使用、培养与发展提供服务和保障；直线管理人员是人力资源的真正使用者，人力资源的价值、作用与地位在直线管理过程中得以充分地体现。

人力资源管理活动面对的组织内部环境因素主要包括以下几个方面。

1. 组织的发展战略

发展战略作为组织经营发展的纲领，人力资源管理也必须配合其实施。组织的发展战略是指为了实现长期增长和成功，组织所采取的有计划的行动和决策。这些战略旨在提高组织的竞争力、适应变化的环境，并确保组织能够实现其使命和愿景。以下是几个常见的组织发展战略：

（1）扩张战略。扩张战略旨在通过增加市场份额、进军新市场、扩大产品线或提供新的产品和服务来实现组织的增长。这可以通过内部增长（如开发新产品、开设新分支机构）或外部增长（如收购、合并、联盟）来实现。

（2）创新战略。创新战略注重组织的创新能力和创造力，通过开发新技术、产品、流程或商业模式来推动组织的增长和竞争力。这可以包括研发新产品、推出新市场、采用新的生产方法等。

（3）国际化战略。国际化战略是指组织通过进入国际市场来扩大其业务范围和影响力。这可以包括出口、建立海外分支机构、与国外合作伙伴合作或直接投资等。

（4）多元化战略。多元化战略旨在通过进入相关或不相关领域来扩大组织的业务范围。这可以通过收购或并购其他行业的公司、开发新产品线或进入相关领域来实现。

（5）合作伙伴关系战略。合作伙伴关系战略强调与其他组织建立战略性合作伙伴关系，共享资源、知识和市场渠道，以实现相互利益和共同发展。

（6）专注战略。专注战略是指组织通过集中精力和资源，专注于核心业务领域或特定市场细分,以提高竞争力和效率。这可能涉及剥离非核心业务、集中资源于关键业务领域或特定客户群等。

(7)可持续发展战略。可持续发展战略强调组织在经济、社会和环境方面的责任,追求长期可持续性和社会责任。这可以包括采取环保措施、社会公益项目、员工福利改善等。

这些战略选择取决于组织的目标、市场条件、资源和核心竞争力等因素。组织需要进行定期的战略规划和评估,以确保所采取的战略与外部环境和内部能力相匹配,并能够实现长期增长和成功。

2. 组织结构

组织结构设计必须以组织战略目标和步骤为依据,为完成战略目标和实现战略步骤服务,并随着战略的变化而变化。组织结构的变化也会影响到人力资源管理的变化;同时,又需要人力资源管理的支持。组织将精力集中到长项任务,而把其他任务委托给能更快、更好地完成或成本更低的公司。

3. 工作群体

群体是多数组织开展工作的基本组织。工作群体具有多个特征,比如心理上的认知性、行为上的联系性、利益上的依存性、目标上的共同性、结合上的组织性等。对工作群体的组织和管理是提高生产效率的一个重要途径,员工和与之相配合的工作伙伴所结成的人际关系的好坏,会直接影响员工工作效率的高低。团队是工作群体的一种,在组织工作团队的过程中,人力资源管理起着极为重要的作用。工作群体的构成不同,群体的行为就不同,导致对其进行的管理方式也就不同。

4. 领导者

领导者的权威观、团体因素、下级特征、组织因素共同决定了领导行为,而领导方式和行为会较大程度地影响人力资源管理活动的各个方面。比如,领导行为会影响员工的行为,不仅影响到员工的满足度,而且影响到员工的激励深度,也影响到员工的劳动态度(出勤率、人员流动率)和劳动效果(劳动生产率),从而影响人力资源管理的最终结果。又如,领导者对人力资源管理的认知,将对人力资源管理制度规划起着关键的决定性的影响。

此外,领导者一方面要学会扮演组织文化的构造者、倡导者和贯彻者,为组织文化及价值观的树立和传承保驾护航;另一方面要成为员工职业发展的辅助者,发掘员工的优势,为员工提供发展空间。

5. 员工

员工是组织最重要的资源。每个员工都是具有各自工作需要、价值观和态度的个体,重视员工首先要尊重他们、关心他们，满足他们各个方面的需要。员工需求是人力资源工作的导向之一，人力资源管理活动始终要围绕满足员工需求而努力。人力资源管理的管理对象是具有个人价值观和责任观的人，不同地区的不同人，其价值观和责任观是不一样的，有效的人力资源管理者必须能够客观对待员工的价值观和责任观，尊重个人选择，并因势利导。

此外，员工素质也是一个影响组织人力资源管理的重要因素。员工的素质包括敬业精神、专业知识、经验技能、心理素质等多个方面。总的来说，员工素质高，便于组织采取现代化的人力资源管理模式、政策和手段。

6. 组织文化

组织文化是组织内部环境的综合表现。组织文化是指组织在长期的共同生产经营过程中形成的，为组织多数成员所共同遵循的最高目标、基本信念、价值标准和行为规范。一个组织的价值观及其基本管理制度构成了组织文化的主体内容。

组织文化是一种无形的影响成员思维方法和行为方式的力量，贯穿于组织的全部活动，影响组织的全部工作，决定组织中全体成员的精神面貌和整个组织的素质、行为和竞争能力。

成功的组织文化具有很强的凝聚力，有助于在组织员工中形成向心力，从而对组织的高速持续发展产生有利的影响。因此，有人把组织文化称为"组织之魂、动力之源"。

总之，在组织的发展战略指导下，以组织结构为依托的组织内部环境是人力资源管理活动赖以存在的基础。组织的发展战略、组织结构、工作群体、领导者、员工、组织文化等各个因素构成的组织综合环境，在人力资源的决策和管理工作中起着关键的作用，同时也构成了人力资源管理活动的主体。

第四节　人力资源管理理论及原理

一、人力资源管理的适用理论

人力资源管理是一个涵盖多个理论和实践方法的领域。以下是适用于人力资源管理的常见理论。

（一）人性假设理论

在西方的管理理论中，存在 4 种人性假设，针对 4 种人性假设有 4 种不同的管理方式。

1. "经济人"假设

"经济人"假设是经济学中的一个基本假设，它描述了人们在经济决策中的行为方式。根据这个假设，人们被认为是理性的、自利的个体，他们在做出决策时会权衡成本和利益，并选择能够最大化自己效用或利益的选项。与"经济人"假设相对应的管理方式包括：①管理工作的重点是完成生产任务，提高劳动效率，对人的感情和愿望漠不关心。②组织以金钱来刺激员工劳动的积极性、效率和服从性，对消极怠工者进行惩罚。③制定各种严格的管理制度和工作规范，命令工人按照规定的标准进行工作，加强各种法规管制。④管理是少数人的事情，与广大员工无关。工人的责任是干活，听从管理者指挥。

2. "社会人"假设

"社会人"假设是一种对人类行为的理论假设，它与经济学中的"经济人"假设形成鲜明对比。"社会人"假设认为人们的决策和行为不仅仅是出于个人利益的最大化，而且受到社会和群体因素的影响。与"社会人"假设相对应的管理方式有以下几点：①管理人员关心生产任务的完成情况，但是注重点应放在关心员工、满足员工的需求上。②管理者高度重视员工之间的关系，培养和形成员工对组织的归属感和整体感。③提倡集体奖励制度，不主张个人奖励制度。④管理职能要不断地完善和变化，管理者不应只有执行计划、指挥、监督、组织和控制的传统职能，还应起到员工与领导者之间的联络作用，既倾听员工的意见与要求，又将之汇报给上级领导者。⑤实施员工参与管理的新型管理方式，让员工或下属在不同程度上参与组织决策的研究和讨论。

3. "自我实现人"假设

"自我实现人"假设主要是指人都需要发挥自己的潜力，充分展示和发挥个人才能，实现个人理想与抱负，以及人格趋于完善的一种人性假设。这一人性假设认为，自我实现是人的最高层次需求，只有使每个人都有机会将个人才能、智慧发挥出来，才能最大限度地调动人的积极性。

与"自我实现人"假设相对应的管理方式有以下几种：①"自我实现人"假设的专注点是工作环境，为员工创造一个适宜的工作环境和工作条件，以利于人们发挥自己的潜力和能力，实现自我。②管理者的职责在于排除障碍，创造适宜的工作环境，根据不同人的不同需求，分配富有意义和挑战性的工作。③"自我实现人"假设需采取内在激励的方式来调动员工的工作积极性。如工作岗位设计中的"工作扩大化"和"工作丰富化"，组织内的民主参与制度、自我培训计划，都是激发员工内在积极性的管理方法。④以"自我实现人"假设为基础的管理，是保证员工充分发挥自己的才能，充分发挥积极性、创造性的管理制度。实施管理权力下放，建立决策参与制度、提案制度等，将个人需要与组织目标相结合。

4. "复杂人"假设

"复杂人"假设的主要观点如下：①人的需要和动机多种多样。人在不同工作组织或同一工作组织的不同部门，会产生不同的需要和动机。随着人在组织中的工作和生活条件的不断发展变化，其需要和动机也在变化，会不断产生新的需要和动机。也就是说，人的动机的形成，是内部需要与外部环境相互作用的结果。②人在同一时间内有多重需要和动机，它们互相作用，可以结合统一。③人是可变的。人可以通过他们的组织经验熟悉新的动机，能够对各种不同的管理策略做出反应。

（二）绩效管理理论

绩效管理旨在评估和提升员工在组织中的表现。它包括设定明确的目标、定期评估员工表现、提供反馈和奖励，并为员工提供发展机会。关键理论包括目标设定理论、绩效评估理论、反馈理论和社会认知理论等。

绩效管理理论是指导组织有效管理和提高员工绩效的框架。它涉及设定绩效期望、衡量绩效、提供反馈和实施持续改进战略的系统过程。

绩效管理中的一个著名理论是目标设定理论。根据这一理论，当员工拥有明确且具有挑战性的目标时，他们会更有动力并且更有可能表现出色。设定具体的、可衡量的、可实现的、相关的和有时间限制的目标，可以帮助个人集中精力并将他们的行为导向预期的结果。通过使个人目标与组织目标保持一致，绩效管理理论可确保员工努力实现更广泛的组织目标。

常用于绩效管理的理论是绩效评估理论。该理论强调对员工绩效的系统评价。它涉及根据预先确定的标准评估个人绩效。绩效评估为员工提供关于他们的优势和需要改进的领域的反馈，促进他们的专业发展。此外，绩效评估作为与晋升、奖励和培训机会相关的决策的基础，从而将个人绩效与组织成果联系起来。

反馈在绩效管理中起着至关重要的作用，反馈理论突出了其意义。该理论表明，向员工提供定期和建设性的反馈可以提高他们的绩效。反馈帮助个人了解他们的长处和短处，明确期望，并指导他们努力改进。通过培养持续反馈和开放沟通的文化，组织可以创造一个支持员工发展和绩效提升的环境。

此外，社会认知理论与绩效管理相关。该理论强调观察学习和自我效能在塑造员工行为和绩效方面的作用。员工观察他人的行为并从中学习，他们的自我效能感或对自己成功能力的信念会影响他们的积极性和绩效。绩效管理理论可以通过提供角色建模、辅导和技能培养活动的机会来增强员工的自我效能并提高他们的绩效，从而利用社会认知原则。

总之，绩效管理理论为有效管理和提高员工绩效提供了基础。通过结合目标设定、绩效评估、反馈和社会认知原则等概念，组织可以创建绩效驱动的文化，最大限度地帮助个人和组织获得成功。

（三）雇佣和招聘理论

雇佣和招聘理论涉及吸引、选择和聘用合适的员工。其中包括招聘渠道选择、面试技巧、候选人评估和雇主品牌建设等方面的理论。

就业和招聘理论包含各种概念和方法，可指导组织吸引、选择和雇用合适的职位候选人。它涉及了解劳动力市场、制定有效的招聘策略以及实施合理的选拔流程。以下是就业和招聘中的一些关键理论和概念。

第一，人力资本理论。人力资本理论将员工视为有助于组织成功的宝贵资产。它强调获取和投资具有正确知识、技能和能力的员工以提高组织绩效的重要性。根据这一理论，有效的招聘涉及识别和选择具有高人力资本潜力的候选人。

第二，人—工作匹配理论。人—工作匹配理论强调个人特征与工作要求之间的一致性。人—工作匹配理论表明，拥有特定工作的正确价值观和兴趣的个人更有可能在该角色中表现出色并感到满意。招聘工作应侧重于评估候选人与工作职位之间的匹配度，以确保对个人和组织都有利。

第三，个人—组织匹配理论。个人—组织匹配理论关注个人的价值观、目标和个性与组织的文化和价值观之间的相容性。个人—组织匹配理论表明，与组织文化保持一致的员工更有可能在组织内参与、适应和发展。招聘策略应考虑评估候选人的价值观和文化契合度，以提高员工保留率和组织凝聚力。

第四，社会交换理论。社会交换理论认为招聘是一个相互过程，涉及雇主和候选人之间的相互义务和期望。它建议组织应该在招聘过程中给候选人留下积极的印象，以吸引高质量的申请人。建立积极的雇主品牌并提供良好的招聘体验是吸引和留住顶尖人才的关键。

第五，人才获取策略。人才获取策略侧重于主动性和战略性的招聘方法。这涉及预测未来的人才需求、建立人才管道以及利用各种招聘渠道，例如工作委员会、社交媒体、专业网络和员工推荐。组织还应利用雇主品牌推广其独特的价值主张并打造引人注目的雇主品牌形象，从而吸引顶尖人才。

第六，选择方法和评估工具。招聘理论还包括各种选择方法和评估工具，以确定最合适的候选人。这包括访谈、心理测量评估、工作样本和背景调查。有效且可靠的选拔流程可确保公平有效地评估候选人的 KSA[①]、工作适合度和成功潜力。

第七，多元化和包容性。当代招聘理论认识到多元化和包容性在工作场所的重要性。它强调吸引和雇用来自不同背景的候选人的重要性，因为不同的团队与增强的创造力、创新和绩效相关。招聘工作应旨在尽量减少偏见并促进所有候选人的机会平等。

总之，就业和招聘理论为组织吸引和选择合适的职位候选人提供了框架和原则。通过考虑人力资本、个人与工作和个人与组织的契合度、社会交换、人才获取策略、选择方法和评估工具以及多样性和包容性等因素，组织可以改进其招聘流程并确保组织成功获得所需的人才。

(四) 培训和发展理论

培训和发展旨在提高员工的技能和知识，以适应组织的需求和变化。培训和发展理论包含各种概念和模型，可指导组织为其员工设计、实施和评估有效的培训与发展计划。它侧重于提高员工的知识、技能、能力和态度，以提高他们的绩效并支持他们的职业发展。以下是培训和发展中的一些关键理论和概念。

第一，成人学习理论。成人学习理论强调成人学习者的独特特征和学习需求。该理念表明成年人是自我导向的、目标导向的，并且具有影响他们学习过程的先前经验。培训计划应通过提供积极参与的机会、与工作的相关性任务以及结合成人学习者参与自身发展的体验式学习方法来考虑这些因素。

第二，行为主义理论。行为主义理论侧重于通过强化所需行为来学习。它建议培训计划应该使用奖励和认可等积极强化来激励员工并强化期望的绩效。该理论还强调明确的学习目标、循序渐进的指导和实践机会对促进学习和行为改变的重要性。

第三，认知理论。认知理论强调心理过程在学习中的作用，如感知、记忆。它建议培训计划应侧重于通过提供积极思考、反思以及将知识和技能应用到现实世界的机会来促进有意义的学习。模拟、案例研究和问题解决练习等培训方法符合认知理论。

第四，社会学习理论。社会学习理论强调社会互动和观察对学习的影响。该理念表明个人通过观察他人和模仿他们的行为来学习。培训计划可以通过结合协作学习活动、指导计划以及同伴反馈和知识共享的机会来利用社会学习理论。创造一个鼓励社会互动的支持性学习环境来促进学习和技能发展。

第五，培训理论的迁移。培训理论的迁移侧重于将所学知识和技能应用于工作绩效。

---

① KSA 是指知识（Knowledge）、技能（Skills）和能力（Abilities）。

它建议培训计划应纳入促进转移的策略，如提供实践机会、反馈以及将培训内容与工作任务和挑战联系起来。该理论还强调培训后支持和强化的重要性，以确保在工作场所持续应用所学技能。

第六，学习风格理论。学习风格理论表明，个人有不同的偏好和学习风格，如视觉、听觉和触觉。培训计划应考虑这些学习方式，并结合各种教学方法和材料以满足不同的学习偏好。这可能包括使用多媒体演示、实践活动和讨论来适应不同的学习风格。

总之，培训和发展理论为组织提供框架和原则，以设计和实施有效的员工学习体验。通过考虑成人学习原则、行为主义、认知原则、社会学习、培训迁移、学习风格等，组织可以创建有影响力的培训和发展计划，以提高员工绩效、敬业度和职业发展。

（五）动机理论

动机理论，又名动因理论，是指关于动机的产生、机制、动机与需要、行为和目标关系的理论。动机是心理学中的一个概念，指以一定方式引起并维持人的行为的内部唤醒状态，主要表现为追求某种目标的主观愿望或意向，是人们为追求某种预期目的的自觉意识。动机是由需要产生的，当需要达到一定的强度，并且存在着满足需要的对象时，需要才能够转化为动机。

动机理论研究员工的动机和激励机制。常用的理论包括马斯洛的需求层次理论、赫茨伯格的期望理论等。

第一，需求层次理论。需求层次理论认为人的动机来源于满足不同层次的需求。需求层次理论认为，人的需求分为五个层次，包括生理需求、安全需求、社交需求、尊重需求和自我实现需求。按照这个理论，人们会通过不断追求更高级别的需求来获得动力。

第二，期望理论。期望理论认为人的动机取决于他们对行动结果的期望值。期望理论包括三个要素：期望、工作结果价值和工作结果与绩效之间的关系。根据这个理论，人们会选择那些他们认为能够实现预期结果和价值的行动。

第三，自我决定理论。自我决定理论认为人们对行动的动机程度取决于他们对自主性、能力和归属感的满足程度。自我决定理论强调个体对自主选择和行动的需求，以及对成就感和自我肯定的重视。

第四，成就动机理论。成就动机理论认为人们对于实现个人成就和成功有着内在的驱动力。成就动机理论将人们的动机归结为三种基本需求：成就需求、权力需求和归属需求。这些需求的相对强度会影响个体在工作和学习中的动机。

第五，目标设定理论。目标设定理论强调设定具体且具有挑战性的目标以增强动力和绩效的重要性。根据这一理论，明确的目标提供了方向，增加了努力，并导致更高水平的任务持久性。

第六，公平理论。公平理论认为人们的动机受到他们对公平和正义的感知的影响。公平理论强调个体对待遇和奖励的公平性的关注，以及对不公平感的反应。如果个体感到不公平，他们可能会减少动力或采取行动来恢复公平。

这些动机理论提供了不同的视角来理解和解释人们的动机驱动力。实际应用中，组织可以利用这些理论来激发员工的内在动机，创造激励性的工作环境，并提供适当的奖励和激励措施，以满足员工的动机需求，并提高绩效和工作满意度。

（六）组织行为理论

组织行为理论研究员工在组织内的行为和互动。它包括领导理论、团队动力学、组织文化和变革管理等方面的理论。

组织行为理论是一个研究领域，研究组织内的个人、群体和结构如何相互作用和影响行为。它包含范围广泛的理论和模型，旨在解释和预测工作场所的人类行为。以下是组织行为领域的一些著名理论。

第一，经典理论。经典理论侧重于管理和效率原则，强调劳动分工、等级制度和标准化流程等原则，以提高组织的生产力和效率。

第二，人际关系理论。作为对经典理论局限性的回应，强调社会和心理因素在理解和管理员工方面的重要性。表明工作满意度、员工士气和人际关系等因素对生产力和组织成果具有重大影响。

第三，系统理论。系统理论将组织视为由相互关联和相互依赖的部分组成的复杂系统。它检查组织内各个组成部分（例如个人、团体、部门和外部环境）之间的相互作用和关系。系统理论强调组织需要适应其环境并在其内部组件之间保持平衡以实现有效性。

第四，权变理论。权变理论表明，没有一种放之四海而皆准的组织管理方法，最有效的管理实践取决于具体的情境因素。根据这一理论，不同的情况需要不同的领导风格、组织结构和管理策略。组织实践的有效性取决于情况特征与所选管理方法之间的一致性。

第五，社会交换理论。社会交换理论侧重于组织内部发生的社会交换和关系。它假设个人基于获得奖励和产生成本的期望参与互动。员工评估他们关系的质量，并根据这些交流中的公平性和互惠性来决定他们参与和承诺的水平。

第六，组织文化理论。组织文化理论考察塑造组织内个人行为和态度的共同价值观、信念、规范和假设。它强调了强大而积极的组织文化在促进员工敬业度、凝聚力和绩效方面的重要性。该理论表明，组织文化会影响员工的行为和态度，并最终影响组织结果。

二、人力资源管理的原理

（一）以人为本的原理

人力资源是第一资源，是生产要素中最活跃、最重要的因素，是当今社会生产力发展的核心要素。以人为本的管理，简称人本管理，应当注意从以下几个方面把握人本原理的基本含义。

第一，组织中的人是首要因素，组织是以人为主体组成的。人本管理强调组织依靠人而存在，由人进行管理，即一切管理活动由人决定、策划、操纵、运作，人始终是整个管理过程的主体或主导要素。

第二，组织为人的需要而存在，为人的需要而生产，为人的需要而管理。人的需要包括：①社会人的需要，组织不断创造价值，满足社会消费需求，这是组织所担当的社会责任；②组织投资者的需要，即实现利润最大化；③组织全体员工的需要，提高组织人的智力、知识、技能，锻炼和完善人的意志、品格，发展组织人的整体素质，成为现代组织经营管理的重要任务和目的。

第三，人本管理是现代组织管理（包括人力资源管理）的一种理念、指导思想、管理意识。严格来说，人本管理是一个哲学概念。它重新认识人性，强调人的重要性和在管理中的主体与核心地位。人本管理要求把促进人才健康成长和充分发挥人才作用放在首要位置，努力营造鼓励人才干事业、支持人才干事业、帮助人才干好事业的社会环境。以人为本，就是立足于人，理解人才、尊重人才、关心人才、保护人才、用好人才，对人力资源科学地开发和利用，使人能够全面发展。人力资源管理的基本观念是以人为本，也是人力资源管理活动的出发点和归宿。

（二）系统优化原理

系统是由若干相互联系、相互影响的具有特定功能的要素组成的有机整体，是一个有机系统。系统优化原理是指系统的整体功能必须大于各要素功能之和；系统的整体功能必须在大于各要素功能之和的各值中取最优，系统内的各要素必须和谐与合作，整体奋发向上，竞争力和综合实力较强；同时，系统内部的损耗必须达到最小。

（三）能位匹配原理

能位匹配原理，是指根据岗位的要求和员工的能力，将员工安排到相应的工作岗位，保证岗位的要求与员工的实际能力相一致、相对应。"能"是指人的能力、才能，"位"是指工作岗位、职位。组织员工的聪明才智发挥得如何，员工的工作效率和成果如何，都与人员使用上的能位适合度成函数关系。能位适合度是人员的"能"与其所在"位"的配置程度。能位适合度越高，说明能位匹配越合理、越适当，即位得其人、人适其位、人尽其才。这不仅会带来高效率，还会促进员工能力的提高和发展。

根据这一原理，组织必须建立以工作岗位分析与评价制度为基础，运用人员素质测评技术等科学方法来招聘、选拔和任用人才，从根本上提高能位适合度，使组织人力资源得到充分开发和利用。

（四）激励强化原理

激励强化原理，是指通过有效激励，使员工明辨是非，认清工作的目标和方向，保持持续不竭的内在动力。在组织中，一切工作都要以提高效率为中心，时时处处将高效率放在第一位，各级主管应该充分有效地运用各种激励手段，对员工的劳动行为实现有效激励。例如，对员工要有奖有惩，赏罚分明，才能保证各项制度的贯彻实施，才能使每个员工自觉遵守劳动纪律，严守岗位，各司其职，各尽其力。

（五）公平竞争原理

公平竞争原理，是指在组织的人力资源管理活动中坚持"三公"原则，即待人处事、一切人力资源管理活动都必须坚持"公正、公平和公开"的原则。提倡起点相同、规则相同、标准相同，考评公正、奖惩公平、政务公开。采取竞争的手段，激发员工的斗志，鼓舞员工的士气，营造良好的氛围，调动员工的积极性、主动性和创造性。

（六）动态优势原理

动态优势原理，是指在动态中用好人、管好人，充分利用和开发员工的潜能和聪明才智。在工作活动中，员工与岗位的适合度是相对的，不适合、不匹配是绝对的。因此，应当注重员工的绩效考核和员工潜能、才智的开发，始终保持人才竞争的优势。社会的一切事物和现象都是处于变动之中的，组织的员工也处于变动中。从优化组织的角度来看，组织员工要有上有下、有升有降、有进有出，不断调整、合理流动，才能充分发挥每个员工的潜力、优势和长处，使组织和员工都受益。

第二章　人力资源规划与工作分析

第一节　人力资源规划及其制订

人力资源规划，是指组织为了实现既定目标和任务，根据组织现有的人力资源状况以及内外部环境，运用科学的方法，对组织未来人力资源供求数量和质量进行分析和预测，进而编制人力资源管理的一系列职能计划，为实现组织愿景目标和长远利益提供人力资源支持。"人力资源规划是人力资源管理的一项基础性工作，是开展各项人力资源管理活动的前提。"①

一、人力资源规划的概述

（一）人力资源规划的意义

人力资源规划必须以组织发展战略和经营规划为基础。人力资源管理是组织整个管理系统中的一个子系统，为组织经营发展提供人力资源支持，因此，人力资源规划必须以组织的最高战略目标为宗旨。

人力资源规划的主要任务包括两个方面：①对组织在一定时期人员的供求进行预测；②根据预测结果采取相应对策实现供求平衡，确保组织在适当的时间获得适当的人员，实现组织人力资源的最佳配置，兼顾组织目标和员工利益，使组织和员工双方的需要都能得到满足。对组织人力资源供给和需求预测要从数量和质量两个方面来进行，也就是说人力资源的供给和需求不仅要在数量上平衡，还要在质量、结构上匹配。

人力资源规划在整个人力资源管理中最具战略性、宏观性、超前性，它是人力资源管理各项职能活动实现的重要前提，也是人力资源各项管理职能联结的桥梁和纽带，对组织发展具有重要的意义。

---

① 岳喜雨. 江西长运人力资源规划体系的研究与再设计 [D]. 北京：清华大学，2004.

（二）人力资源规划的影响因素

人力资源规划的影响因素，具体包括：①宏观经济剧变。宏观经济剧变是指国内外经济形势发生的根本性的变化。②组织管理层变更。组织管理层变更是指高层管理人员的变化，会使组织的战略目标发生变化，进而影响到组织的人力资源规划。③政府的政策法规。政府的政策法规是指因各种情况的变化，政府需要制定、出台、修订或取消一些政策法规，进而影响到组织的人力资源规划。④技术创新换代。技术创新换代是指因市场竞争推动的新技术的产生和广泛使用，极大地改变了组织原来的人力资源的供给和需求，从而影响人力资源规划。⑤组织的经营状况。组织的经营状况也会经历其生命周期的不同阶段，处于创立期、成长期、成熟期、衰退期不同阶段、不同经营状况的组织，其人力资源规划都是不同的。⑥组织人力资源部门人员的素质。一个组织人力资源部门人员的素质在一定程度上反映了该组织人力资源管理的水平。人力资源部门人员的素质不仅影响人力资源规划制订的科学合理性，也影响人力资源规划贯彻落实的效果。

（三）人力资源规划的类型

人力资源规划有利于组织制订战略目标和发展规划，确保组织生存发展过程中对人力资源的需求；有利于人力资源管理活动的有序化；有利于调动员工的积极性和创造性；有利于控制人力资源成本，合理地规划利用有限的人力资源为组织创造价值和利益。根据人力资源规划分类的标准，将其分为以下不同的类型：①根据规划的独立性划分。以人力资源规划是否单独进行为标准，可划分为独立性人力资源规划和附属性人力资源规划。②根据规划期的时间长短划分。根据人力资源规划期的时间长短，可划分为短期人力资源规划、中期人力资源规划和长期人力资源规划。

（四）人力资源规划的内容

人力资源规划包括总体规划和业务规划。总体规划是在一定时期内人力资源的总目标。业务规划是总体规划的展开和具体化。

第一，人力资源总体规划。人力资源总体规划是人力资源管理活动的基础，它是以组织战略目标为基础，对规划期内人力资源管理的总目标、总政策、实施步骤和总预算的安排。总体规划的主要内容包括：①阐述在组织战略规划期内，组织对各种人力资源的需求和各种人力资源配置的总的框架。②阐明人力资源方面有关的重要方针、政策和原则，如人才的招聘、晋升、降职、培训与发展、奖惩和工资福利等方面的重大方针和政策。③确定人力资源投资预算。

第二，人力资源业务规划。人力资源业务规划，是指总体规划的具体实施和人力资源管理具体业务的部署。它是人力资源总体规划的展开和具体化，其执行结果应能保证人力资源总体规划目标的实现。人力资源业务规划主要包括：人员配备计划、人员补充计划、人员使用计划、人员培训与开发计划、绩效考核计划、薪酬激励计划、劳动关系和员工参与及团队建设计划、退休解聘计划等。每一项业务计划都由目标、政策或办法及预算等部分构成。应当注意人力资源业务规划内部的平衡。

二、人力资源规划的制订

人力资源规划的制订，是指根据组织战略目标及本组织员工的净需求量，制订人力资源规划，包括总体规划和各项业务计划，同时要注意总体规划和各项业务计划及各项业务计划之间的衔接和平衡，提出调整供给和需求的具体政策和措施。

（一）人力资源规划的制订原则

人力资源规划的制订，应遵循以下原则。

第一，充分考虑内部、外部环境的变化。人力资源规划只有充分地考虑了内、外环境的变化，才能适应需要，真正地做到为组织发展目标服务。内部变化主要指销售的变化、开发的变化，或者说组织发展战略的变化，还有公司员工的流动变化等；外部变化指社会消费市场的变化、政府有关人力资源政策的变化、人才市场的变化等。为了更好地适应这些变化，在人力资源规划中应该对可能出现的情况做出预测和风险变化，最好能有面对风险的应对策略。

第二，确保组织的人力资源保障。组织的人力资源保障问题是人力资源规划中应解决的核心问题。它包括人员的流入预测与流出预测、人员的内部流动预测、社会人力资源供给状况分析、人员流动的损益分析等。只有有效地保证对组织的人力资源供给，才可能进行更深层次的人力资源管理与开发。

第三，保证组织和员工都得到长期的利益。人力资源规划不仅是面向组织的计划，也是面向员工的计划。组织的发展和员工的发展是互相依托、互相促进的关系。如果只考虑组织的发展需要，而忽视了员工的发展，则会有损组织发展目标的达成。优秀的人力资源规划，一定是能够使组织员工达到长期利益的计划，一定是能够使组织和员工共同发展的计划。

（二）人力资源规划的制订流程

1. 收集有关信息资料

收集有关信息资料，是指分析组织所处的外部环境及行业背景，提炼对于组织未来人力资源的影响和要求；对组织未来发展目标及目标达成所采取的措施和计划进行澄清和评估。

组织正式制订人力资源规划前，必须向各职能部门索要组织整体战略规划数据、组织的组织结构数据、财务规划数据、市场营销规划数据、生产规划数据、新项目规划数据、各部门年度规划数据信息，整理组织人力资源政策数据、组织文化特征数据、组织行为模型特征数据、薪酬福利水平数据、培训开发水平数据、绩效考核数据、组织人力资源人事信息数据、组织人力资源部职能开发数据。人力资源规划专职人员负责从以上数据中提炼出所有与人力资源规划有关的数据信息，并且整理编报，为有效的人力资源规划提供基本数据。

2. 人力资源现状分析

人力资源现状分析，是指对现有员工数量、质量、结构等进行静态分析，对员工流动性等进行动态分析，对人力资源管理关键职能进行效能分析。具体包括组织现有员工的基本状况、员工具有的知识与经验、员工具备的能力与潜力开发情况、员工的普遍兴趣与爱好、员工的个人目标与发展需求、员工的绩效与成果、组织近几年人力资源流动情况、组织人力资源结构与现行的人力资源政策等。

3. 人力资源需求预测

人力资源需求预测，是指通过对组织、运作模式的分析及对各类指标与人员需求关系进行分析，提炼组织人员配置规律，对未来实现组织经营目标的人员需求进行预测。需求分析的主要任务是分析影响组织人力资源需求的关键因素，确定组织人力资源队伍的人才分类、职业定位和质量要求，预测未来人才队伍的数量，明确与组织发展相适应的人力资源开发与管理模式。

4. 人力资源供给预测

人力资源供给预测分为组织内部人力资源供给预测和组织外部人力资源供给预测。组织内部人力资源供给预测主要明确的是组织内部人员的特征，如年龄、级别、素质、资历、经历和技能，收集和存储有关人员发展潜力、可晋升性、职业目标及采用的培训项目等方面的信息。这主要是预测通过组织内部岗位的调动，实际能对需求的补充量。

组织外部人力资源供给预测包括本地区人口总量与人力资源比率、本地区人力资源总体构成、本地区的经济发展水平、本地区的教育水平、本地区同一行业劳动力的平均价格与竞争力、本地区劳动力的择业心态与模式、本地区劳动力的工作价值观、本地区的地理位置对外地人口的吸引力、外来劳动力的数量与质量、本地区同行业对劳动力的需求等。

5. 确定人力资源净需求

确定人力资源净需求，是指在对员工未来的需求与供给预测数据的基础上，将组织人力资源需求的预测数据与在同期内组织本身可供给的人力资源预测数据进行对比分析，从比较分析中测算出各类人员的净需求数。净需求既包括人员数量，又包括人员的质量、结构，既要确定需要多少人，又要确定需要什么人，数量和质量要对应起来。这样就可以有针对性地进行招聘或培训，为组织制定有关人力资源的政策和措施提供依据。

6. 人力资源规划的实施和评估

人力资源规划的实施是人力资源规划的实际操作过程，要注意协调好各部门、各环节之间的关系。人力资源规划在实施过程中需要注意以下几点：①必须有专人负责既定方案的实施，要赋予负责人拥有保证人力资源规划方案实现的权利和资源。②要确保不折不扣地按规划执行，在实施前要做好准备，在实施时要全力以赴。③要有关于实施进展状况的定期报告，以确保规划能够与环境、组织的目标保持一致。

在实施人力资源规划的同时，要对其进行定期与不定期的评估。这具体从如下三个方面进行：①是否忠实执行本规划；②人力资源规划本身是否合理；③将实施的结果与人力资源规划进行比较，通过发现规划与现实之间的差距来指导以后的人力资源规划活动。

7. 规划的反馈与修正

对人力资源规划实施后的反馈与修正是人力资源规划过程中不可缺少的步骤。评估结果出来后，应进行及时的反馈，进而对原规划的内容进行适时的修正，使其更符合实际，更好地促进组织目标的实现。

（三）人力资源规划的制订注意事项

人力资源规划的制订，应注意以下问题。

第一，全局性。人力资源规划的制订应从全局的角度考虑问题，应具有全局的思想，应概括总体及各局部之间联系的宏观问题。影响总体或全局的某些重要局部问题也应包括在其中。

第二，重点性。人力资源的发展是多方面的，而规划工作应该是重要的工作内容。要抓住人力资源发展的主要矛盾的主要方面，即关键的问题、关键的环节、关键的内容。只有抓住关键要素，人力资源规划才能发挥作用。

第三，发展性。人力资源规划应体现出总体发展的特征，任何工作都是在不断向前发展的，人力资源工作也是如此。因此规划的各层次都应体现出发展。

第四，创新性。人力资源的规划是对未来人力资源宏观工作的指导，而未来组织内外的影响因素都不可能与过去完全一样，所以每一期的规划都应该具有创新性，以适应新环境或新时期的要求。

第五，稳定性。作为规划被确定下来后，在总体上应保持相对的稳定性，不能任意调整，朝令夕改，因为调整的代价是昂贵的。只有相对稳定，才便于执行。

第六，适应性。人力资源规划要适应外部环境和内部环境。当社会经济整体上的形势处于大发展时期，相关的政策、法规等环境都有利于发展战略的实施时，组织的战略规划应与之适应以求得较大的发展。

第二节　工作分析与工作设计

工作分析，又称职位分析、岗位分析或职务分析，是通过系统全面的情报收集手段，提供相关工作的全面信息，以便组织进行改善管理效率。工作设计，又称岗位设计，是指根据组织需要并兼顾个人的需要，规定每个岗位的任务、责任、权力及在组织中与其他岗位关系的过程。"工作分析与设计作为人力资源管理领域的新兴板块，对岗位设计、职务说明等人员管理方面具有重要作用。"[①]

一、工作分析

（一）工作分析的成果

工作分析的成果包括工作描述、工作规范、工作说明书。工作说明书作为工作分析的最终结果，它包含工作分析所获得的所有信息，并把它们以标准化的形式编制成人事文件。

1. 工作描述

工作描述，又称工作说明，是用书面形式对组织中每种职位的工作性质、工作任务、工作职责与工作环境所做的描述。它是工作说明书的重要组成部分。

---

① 袁潇．人力资源管理中的工作分析与设计理论研究［J］．企业改革与管理，2023（5）：79-81．

工作描述的主要功能是让员工了解工作概要，监理工作程序与工作标准，阐明工作任务、责任与职权，有助于员工的招聘、考核和培训等。工作描述的主要内容包含五个方面：工作识别、工作概要、工作职责、工作关系、工作环境。

（1）工作识别。工作识别是将该工作与组织中其他工作相区分的显著标志，包括工作名称、工作地点及其他识别标志。

第一，工作名称。工作名称，是指一组在重要职责上相同的职位总称，是区分不同岗位的主要标志。在确定工作名称时，需要注意以下几点：①工作名称应该较准确地反映职位的主要职责；②工作名称应该指明任职者在组织等级中的相关位置；③工作名称会影响任职者的心理状态，一个合适的、经过美化的名称不仅会增加工作的社会声望，而且可以提高员工对工作的满意度。

第二，工作地点。工作地点，是指工作时所在的实际位置。对一般的公司来说，可以用工作所在的部门、分部门、工作小组的名称来定义，但对于一些特定的职位，如地区销售专员、快递公司服务派送员以及不同路线的巡逻警察，则需要找出其在组织中的工作地点标志。任职者往往会把工作地点作为与待遇或工作满意度相关的重要因素考虑。

第三，其他识别标志。例如，工作在组织中的编码、编制日期、撰写人、审核人、薪资等级。这类标志主要是为了便于管理和提供特殊的类属信息。

（2）工作概要。工作概要是对工作内容的简单概括，通常是用很简练的语句对工作内容和工作目的进行归纳。工作概要一般用动词开头描述工作任务，并且只需包括最关键的工作任务即可。例如，某公司"数据处理操作监督员"的工作概要可以写为：指导所有的数据处理，进行数据控制及按要求准备数据。

（3）工作职责。工作职责的描述明确地界定了每个工作岗位应该做哪些工作，拥有哪些相应的权限，是员工工作的基础指导手册。工作职责是工作描述的一个重要方面。

（4）工作关系。工作关系，是指任职者与组织内外其他人员之间的关系，包括所属工作部门、直接上级职位、直接下级职位、可晋升和平调的职位等。工作关系不仅表示权力关系，而且也是员工职业发展的重要指示器，其中暗含着员工可能的职位晋升路线。

（5）工作环境。工作环境描述主要包括对工作的物理环境和心理环境的描述，一般应包括工作场所、工作时间、工作环境的危险性、职业病、工作均衡度、员工的舒适度等内容。对工作环境进行测定有时需要借助一些外部机构进行。工作分析者需要以测定的结果为基础，对相应的人力资源管理的政策进行制定或调整，如高温津贴、健康补助等。

2. 工作规范

工作规范，又称岗位规范或任职资格，是指任职者要胜任该项工作所必须具备的资格与条件。工作规范是工作说明书的重要组成部分。工作规范是为了完成岗位工作，并且保证良好的工作绩效而对任职者提出的一系列特征要求。它主要说明从事某项特定工作的人员所需要具备的基本素质和条件，规定完成工作所需要的最低要求。工作规范应涵盖工作要求的多个方面，并且从所获取的信息中提取更多的有关工作行为的要求。

在工作规范的确定中，有两个方面是需要注意的：①工作规范所关注的应该是工作岗位，而非任职者本身；②工作规范所确定的是从事该岗位工作的最低要求，而非理想要求。

工作规范的内容主要包括：①教育程度或学历；②必备的工作经验；③必备的职业培训及资格证书等；④必备的职业能力；⑤职业能力倾向；⑥知识、技能与体能要求；⑦个性特征。

3. 工作说明书

将工作描述与工作规范结合在一起，叫作工作说明书。工作说明书作为人力资源重要的文件之一，是指用书面形式对组织结构中各类岗位（职位）的工作性质、工作任务、责任、权限、工作内容和方法、工作环境和条件，以及本职务任职人资格条件所做的统一要求（书面记录）。它需要说明任职者应做些什么、如何去做和在什么样的条件下履行其职责。一个名副其实的工作说明书必须包括该项工作区别于其他工作的信息，提供有关工作是什么、为什么做、怎样做及在哪里做的清晰描述。工作说明书的编写是以工作分析为基础的。

（1）工作说明书的编写准则。

第一，逻辑性。以符合逻辑的顺序来组织工作职责。一般来说，一个职位通常有多项工作职责，在工作说明书中列出这些工作职责的时候并非杂乱无章的、随机的，而是要按照一定的逻辑顺序来编排，这样才有助于理解和使用工作说明书。较常见的组织工作职责的次序是按照各项职位的重要程度和所花费任职者的时间多少进行排列，将最重要的职责、花费任职者较多时间的职责放在前面，将次要的职责、花费任职者较少时间的职责放在后面。

第二，准确性。工作说明书应当清楚地说明职位的工作情况，描述要准确，语言要精练，一岗一书，不能雷同。尽量避免选用最专业化的词汇来表示，所写的职位说明书要让大家能够理解，而不仅仅是少数的技术专家能够理解。因此，当遇到技术性的问题时，应尽量转化成较为通俗的语言，避免用词含糊。

第三，实用性。"任务明确好上岗，职责明确易考核，资格明确好培训，层次清楚能评价。"与此同时，还应该表明各项职责出现的频率，可以通过完成各项职责的时间所占的比重来表示。因此，可以在各项工作职责旁边加上一列，即表明各项职责在总的职责中所占的百分比。

第四，完整性。完整性是指在编写工作说明书的程序上要保证其全面性。

第五，统一性。文件格式统一，可参照典型工作说明书编写样本。

（2）工作说明书的内容。工作说明书的基本内容主要由以下几个方面构成。

第一，基本资料。主要包括岗位名称、岗位等级、岗位编码、定员标准、直接上下级、分析日期。

第二，岗位职责。主要包括职责概述和职责范围。

第三，监督与岗位关系。说明本岗位与其他岗位之间，有横向与纵向的联系。

第四，工作内容和要求。是岗位职责的具体化，即对本岗位所要从事的主要工作事项做出说明。

第五，工作权限。为了确保工作的正常开展，必须赋予每个岗位不同的权限，但该权限必须与工作责任相协调、相一致。

第六，工作条件和环境。指在一定时间、空间范围内工作所涉及的各种物质条件。

第七，工作时间。包含对工作时间长度的规定和工作轮班制度的设计等方面内容。

第八，资历。由工作经验和学历条件两个方面构成。

第九，身体条件。结合岗位的性质、任务对员工的身体条件做出规定，包括体格和体力两项具体的要求。

第十，心理品质要求。岗位心理品质及能力等方面要求，应紧密结合本岗位的性质和特点深入进行分析，并做出具体的规定。

第十一，专业知识与技能要求。

第十二，绩效考核。从品质、行为和绩效等多个方面对员工进行全面的考核和评价。

（3）工作说明书的编写步骤。

第一，工作信息的获取：①分析组织现有的资料；②实施工作调查。

第二，综合处理工作信息：①对根据文件查阅、现场观察、访谈及关键事件分析得到的信息，进行分类整理，得到每一职位所需要的各种信息；②针对某一职位，根据工作规范所要收集的信息要求，逐条列出这一工作的相关内容，即为初步的工作说明书；③工作分析者在遇到问题时，还需随时与组织的管理人员和某一职位的工作人员进行沟通。

第三，完成工作说明书的撰写：①会集整个工作分析中所涉及的人员，并给每一位分发一份说明书初稿，讨论根据以上步骤所制定的工作说明书是否完整、准确；②根据讨论的结果，最后确定一份详细的、准确的工作说明书；③最终形成的工作说明书应清晰、具体、简短扼要。

（二）工作分析的地位和作用

工作分析在人力资源开发管理过程中有着十分重要的地位。它是整个人事管理科学化的基础，是提高现实社会生产力的需要，是组织现代化管理的客观需要；有助于实现量化管理，有助于工作评价、人员测评与定员管理及人力规划与职业发展的科学化、规范化与标准化。

从组织的角度来看，工作分析是一个基础性的工作，是维系和发展组织系统的关键，为培训和开发绩效管理、薪酬管理、劳动关系管理的一系列职能活动提供支持。当完成以工作分析为基础的岗位工作描述以后，就建立了整个人力资源管理系统的核心。

工作分析是一项巨大而复杂的基础性工作，是在对组织一切问题进行深刻了解的基础上进行的，其具体作用如下。

1. 为人力资源开发与管理活动提供依据

（1）人力资源规划。工作分析能提高人力资源规划的有效性。无论什么组织，在其发展过程中必然因为组织战略的调整、外部环境与内部条件的变化而引起相应的业务、组织结构的变化。为了应对这些挑战，必须通过有效的人力资源规划来满足组织在适当的时候有足够而且合适的员工来完成组织的目标和任务。人力资源规划需要获得有关各类工作对人员数量和质量的要求，其实现必须通过工作分析来完成。

（2）员工招聘。工作分析对员工的招聘与配置具有指导作用。如果组织没有工作说明和工作规范对招聘员工工作进行指导，将很难选拔和任用符合工作要求的合格人员。通过工作分析可以确定空缺职位所需承担的任务，确定招聘员工的选拔标准和方法，为招聘和配置员工提供客观依据。只有工作要求明确，才能保证工作安排的准确。

（3）员工培训。工作分析使员工培训更为有效。工作分析可以明确从事某项工作应具备的身体素质、知识技能和心理条件。这些要求并非所有员工都可以满足的，需要不断对员工进行培训。通过工作分析，根据实际工作要求和员工的不同情况，有区别、有针对性地进行培训、安排培训内容和方案，可以有效促进员工改善工作技能并提高工作效率。

（4）绩效管理。工作分析为绩效管理提供客观的参照标准。工作分析通过对组织在不同时期、不同背景下的情况进行分析，确定各工作岗位应该达到的标准。该标准可成为绩效管理的评定标准，有利于绩效管理公平、公正、公开地开展和进行；否则，这种评价在很大程度上会带有不公正性，进而影响员工的工作积极性。

（5）薪酬管理。工作分析有助于构建合理的薪酬体系。工作分析可以明确各工作岗位的职责要求及了解任职者的知识技能、身体素质及相应学历等，为构建合理的薪酬体系提供重要的依据。工作的职责、所要求的技能、教育水平、工作环境等因素将影响该工作在组织中的重要程度及组织对该项工作的评价。工作分析可以建立组织中各种工作岗位的相对重要性的排序，并通过量化的形式来确定每个职位的报酬水平。

（6）职业生涯管理。工作分析能够促进员工的职业生涯发展。员工的职业生涯设计是把个人的能力和愿望与组织内已经存在的或将出现的机会匹配起来。该过程要求负责职业生涯规划的人了解每一种工作的技能要求，这样才能保证帮助员工从事他们能够获得成功、得到满足的工作。工作分析可以提供所需要的这类信息。同时，工作分析及工作设计为员工在组织内的发展指明了合适的职业发展路径，以使员工在工作中的成就感得到满足，并且使员工获得知识、技能的提升。

2. 为组织职能的实现奠定基础

（1）通过工作分析，有助于员工自身反省和审查自己的工作内容和工作行为，以帮助员工自觉主动地寻找工作中存在的问题，圆满实现职位对组织的贡献。

（2）在工作分析过程中，人力资源管理人员能够充分地了解组织经营的各个重要业务环节和业务流程，从而有助于人力资源管理职能真正上升到战略地位。

（3）借助于工作分析，组织的最高经营管理层能够充分了解每一个工作岗位目前所做的工作，可以发现职位之间的职责交叉和空缺现象，并通过职位调整，提高组织的协同效率。

（三）工作分析的内容

工作分析涉及两个方面的内容：①对工作本身即工作岗位的研究。要研究每一个工作岗位的目的、该岗位所承担的工作职责与工作任务，以及与其他岗位之间的关系等。②对人员特征及任职资格的研究。要研究能胜任该项工作并完成目标的任职者必须具备的条件与资格，如工作经验、学历、能力特征等。

工作分析是指对工作进行整体分析，以便确定每一项工作的内容。

第一，内容。指要从事的工作活动，主要包括任职者所要完成的工作活动、任职者的工作活动结果或产出，以及任职者的工作活动标准等。

第二，目的。任职者的工作目的，也是该项工作在整个组织中的作用，主要包括该项工作的目的、在组织中与其他工作之间的联系及相互影响的关系等。

第三，人员。对从事该项工作的人员应具备的要求，主要包括对任职者身体素质、知识技能、教育与培训、经验，以及个性特征等方面的要求。

第四，时间。该项工作活动进行的时间安排，主要包括工作时间安排是否有固定时间表，工作活动的开展频率，如某项活动是每日进行的还是每周或每月进行的等。

第五，地点。该项工作进行的场所的具体环境，主要包括该项工作的地点，以及该项工作的自然环境、社会环境和心理环境等。

第六，上级。在工作中与其他岗位，主要是上级岗位的关系，主要包括该项工作的请示汇报对象、工作的信息提供对象、工作结果的提交对象或工作监控与指挥对象。

第七，方法。任职者如何进行工作活动以获得预期的工作结果，主要包括该项工作活动的程序与流程、工作活动涉及的工具与机器设备、工作活动涉及的文件记录、工作中的关键控制点等。

（四）工作分析的方法

在进行具体的工作分析时，要根据工作分析的目的、工作分析的对象、不同工作分析方法的利弊，针对不同人员的工作分析选择不同的方法。工作分析的方法多种多样，一般来说，主要有观察法、访谈法、问卷调查法、资料分析法、工作参与法、关键事件法等。

1. 观察法

观察法，是指研究者根据一定的研究目的、研究提纲或观察表，用自己的感官和辅助工具直接观察被研究对象，从而获得资料的一种方法。科学的观察具有目的性和计划性、系统性和可重复性。

（1）观察法的使用原则。具体内容包括：①全方位原则。在运用观察法进行社会调查时，应尽量从多方面、多角度、不同层次进行观察，收集资料。②求实原则。观察者必须密切注意各种细节，详细做好观察记录；确定范围，不遗漏偶然事件；积极开动脑筋，加强与理论的联系。③必须遵守法律和道德原则。

（2）观察法的优点。具体内容包括：①它能通过观察直接获得资料，无须其他中间环节。因此观察的资料比较真实。②在自然状态下的观察，能获得生动的资料。③观察具有及时性的优点，能捕捉到正在发生的现象。④观察能收集到一些无法言表的材料。

（3）观察法的类型划分。

根据不同的角度，观察法有着不同的分类。

第一，根据观察的目的不同，可以将观察法分为描述性观察法和验证性观察法。描述性观察法的目的是通过对任职者行为、活动等方面的观察以获取完整信息，为后续编制访谈提纲、调查问卷及工作说明书提供信息依据。验证性观察法是通过观察来验证通过其他方法所收集信息的真伪，对信息进行加工修订，根据所需验证的信息所涉及的客体进行观察。

第二，根据对观察过程、记录方式、结果整理等环节事先确定和统一的程度，分为结构化观察法和非结构化观察法。结构化观察法是在现有理论模型和对工作分析与工作设计实务相关的资料进行分析整理的基础上，针对目标职位的特点开发观察分析指南，对观察过程进行详细规范，严密掌控观察分析的全过程。非结构化观察法只需根据观察的目标定位、所要收集的信息进行观察，方式较为灵活，国内常用的即为非结构化观察法。

（4）观察法进行工作分析的步骤。

第一，初步了解工作信息。首先明确观察的目的是描述性的还是验证性的，其次在已有资料的基础上设计并形成观察任务清单。

第二，观察实施前的准备。对实施工作分析的观察对象进行选择和培训。根据典型职位和任职者情况，选择绩效水平高的任职者作为观察对象，通过培训使其对工作分析的目的、流程和最终的影响进行了解，消除戒备之心，达到较好的观察效果。或者通过不被觉察的方式进行观察，注意避免产生矛盾和冲突。同时对工作分析人员进行挑选和培训，增强其观察过程的准确性和专业性。另外，合理选择观察量表。无论是选择结构化还是非结构化方法，应充分考虑到每种方法的优缺点加以平衡和互相借鉴与补充。

第三，实施观察。进入观察现场后需要做一些相关的铺垫工作，比如寒暄、建立与被观察对象良好的相互信任关系、相关的承诺等，以免对观察过程和结果造成不利影响。观察者要严格遵守观察记录的流程要求，做好现场记录。观察结束后，应及时与工作者就观察所获信息进行沟通、确认，以尽量确保观察效果和质量。

第四，观察数据的整理、分析和应用。观察结束后应对收集的信息数据进行归类整理，形成观察记录报告。对根据观察法所获数据进行分析是一项庞杂的工作，尤其是对于非结构化观察法，要对大量的活动描述进行分析。

观察法尽管是一种传统的工作分析方法，但也有着很大的局限性，它适用于那些变化少而且动作性强的工作，同时得到的信息不是很重要，经常为了验证其他方法而使用观察法，所以该方法适合和其他方法一起使用。

2. 访谈法

访谈法，又称面谈法，是一种应用最为广泛的工作分析方法。访谈法，是指工作分析人员就某一职务或职位面对面地询问任职者、主管、专家等对工作的意见和看法。在一般情况下，应用访谈法时可以标准化访谈格式记录，目的是便于控制访谈内容及对同一职务不同任职者的回答进行相互比较。

（1）访谈法的优点。具体内容包括：①可以对工作者的工作态度与工作动机等较深层次的内容有比较详细的了解。②运用面广,能够简单而迅速地收集多方面的工作资料。③使工作分析人员了解到短期内直接观察法不容易发现的情况,有助于管理者发现问题。④为任职者解释工作分析的必要性及功能。⑤有助于与员工沟通,缓解工作压力。

(2)访谈的内容。访谈法广泛运用于以确定工作任务和责任为目的的情况。访谈的内容主要是得到任职者以下四个方面的信息:①工作目标。组织为什么设置这个工作岗位,并根据什么给予报酬。②工作的范围与性质(面谈的内容)。工作在组织中的关系,所需的一般技术知识、管理知识和人际关系知识,需要解决问题的性质及自主权,工作在多大范围内进行,员工行为的最终结果如何度量。③工作内容。任职者在组织中发挥多大作用,其行动对组织的影响有多大。④工作的责任。涉及组织战略决策、执行等方面的情况。

(3)一般工作分析访谈的流程大体上包括三个阶段,即准备阶段、实施阶段和整理阶段。

第一,准备阶段。主要包括制订访谈计划、培训访谈人员和制定访谈提纲。制订访谈计划主要是为了明确访谈目标,确定访谈对象,选定合适的职位分析访谈方法,确定访谈的时间、地点、访谈所需的材料和设备等。培训访谈人员主要包括了解访谈原则、知识、技巧;传达访谈计划,明确访谈目的和意义;明确访谈人员工作与协作,力求使访谈人员在访谈前对工作有大致的认识。制定访谈提纲主要是防止在访谈过程中出现严重的信息缺失,确保访谈过程的连贯性和准确性。

第二,实施阶段。实施阶段也可以分为三个阶段,即实施开始阶段、实施主体阶段和实施结束阶段。实施开始阶段主要是通过从被访者感兴趣的话题等入手营造一种相对轻松的访谈气氛,然后向被访者介绍本次访谈的流程以及对被访者的要求等。若在访谈过程中,需要使用录音等辅助记录手段时,应向被访者事先说明。实施主体阶段是根据事先的访谈计划全面展开工作分析阶段。通过寻找访谈的切入点,详细询问工作任务等细节对所需了解的相关信息全面深入掌握。实施结束阶段是查漏补缺,就细节问题进一步追问并与被访者最后确认信息的真实性与完整性,并感谢被访者的帮助与合作。

第三,整理阶段。这是整个访谈过程的最后一个环节,由相关工作分析人员整理访谈记录,为下一步信息分析提供清晰、有条理的信息记录。

3. 问卷调查法

问卷调查法是工作分析中最常用的一种方法。具体来说,有关人员事先设计出一套工作分析的问卷,再由员工填写问卷,也可由工作分析人员填写问卷。最后分析人员将问卷加以归纳分析,做好详细记录,并据此写出工作职务描述。

（1）问卷调查法的优点：①费用低、速度快、节省时间，可以在工作之余填写，不会影响正常工作；②调查范围广，可用于多种目的、多样用途的工作分析；③调查样本量很大，适用于需要对很多任务作者进行调查的情况；④调查的资源可以量化，由计算机进行数据处理。

（2）问卷调查法的内容。

第一，问卷设计。根据工作分析的目的与用途，在充分考虑问卷引导语（填写说明）、题项数量及难度、问卷长度、题目等方面的基础上设计出适合的调查问卷。

第二，问卷测试。对于设计出的问卷初稿在正式调查前应选取局部岗位进行测试，针对测试过程中出现的问题及时加以修订和完善，避免正式调查时出现严重的结构性错误而造成资源浪费。

第三，样本选择。调查样本可以选择任职者、直接上级、直接下级以及有代表性的其他相关人员。针对某一具体职位进行分析时，出于经济性和操作性的考虑，若目标职位任职者较少（一般为3人以下），则全体任职者均可作为调查对象；若任职者较多，则应选取适当的调查样本（以3~5人为宜）。

第四，问卷调查及回收。在对工作分析人员进行必要的培训后，将通过相应调查渠道（比如组织文件或组织内部工作系统等）实施职位分析问卷调查。在问卷填写过程中，工作分析人员应及时了解和跟踪相关人员的填写状况并解答可能出现的问题，并按调查计划及时回收问卷。

第五，问卷处理及运用。工作分析人员对于回收的问卷应剔除不合格问卷，然后进行汇总、分析、整理，将相同或类似职位的问卷进行比较分析，提炼信息，并编制工作说明书。

（3）问卷调查法的注意事项。使用调查问卷还要注意以下事项：①使用调查问卷的人员，一定要经过工作分析方法的专业训练；②对一般组织来说，尤其是小企业不必使用标准化的问卷，因为成本太高，可考虑使用定性分析法或开放式问卷；③在调查时，对调查表中的调查项目应进行必要的说明和解释；④及时回收调查表，以免遗失；⑤对调查表提供的信息认真鉴定，结合实际情况，做出必要的调整。

4. 资料分析法

资料分析法，又称文献分析法，是一种通过对已有的与工作相关的文献资料进行系统性分析而经济有效地获取有关工作信息的资料收集方法。资料分析法的操作步骤如下：

第一步：确定工作分析对象。主要是明确对什么职位进行分析。

第二步：确定信息来源。主要是明确通过组织还是个人的何种渠道收集有关工作的信息。

第三步：收集原始资料。通过尽可能多的方式收集信息。例如，对已有的组织内部管理制度、员工工作手册、岗位职责说明、会议记录、作业流程说明、质量标准文件、工作环境描述、员工生产记录、工作计划、设备材料使用与管理制度、部门文件、作业指导书等以及组织外部类似职位的相关信息进行分析和提炼。

第四步：筛选整理有效信息。包括各项工作活动与任务、工作环境要求，任职者的知识、技能、能力要求，以及绩效标准和工作产出等，同时对已有文献资料与组织实际的衔接问题进行针对性分析。

第五步：描述信息。在以上信息获取及分析的基础上，初步编制工作说明书。

总之，该方法能比较经济有效地收集已有信息，节约成本。但同时，由于该方法是对现有资料的分析、提炼和加工，所以它无法弥补现有资料的空缺，也无法验证原有资料的真伪。因此，资料分析法一般用来收集工作的原始信息，编制任务清单的初稿，然后用其他的方法将该方法收集到的信息进行验证。

5. 工作参与法

工作参与法是工作分析人员亲自参加工作活动，体验工作的整个过程，从中可以获得工作分析的资料。工作分析人员要想对某一工作有深刻的了解，最好的方法就是亲自实践，即通过实地考察可以细致和深入地体验、了解、分析某项工作的心理因素及工作所需的各种心理品质和行为模型。

因此，工作参与法的优点就是：从获得工作分析资料的质量方面而言，这种方法比前几种方法效果好；工作分析人员亲自体验，获得信息真实。工作参与法的缺点在于：只适用于短期内可掌握的工作，不适用于需要进行大量的训练或有危险性工作的分析。

6. 关键事件法

关键事件法，是指确定关键的工作任务以获得工作上的成功。关键事件是使工作成功或失败的行为特征或事件。关键事件法要求分析人员、管理人员、本岗位人员将工作过程中的关键事件详细地加以记录，并在大量收集信息后，对岗位的特征和要求进行分析研究的方法。

关键事件法是一种常用的行为定向方法。这种方法要求管理人员、员工及其他熟悉工作职责的人员记录工作行为中的关键事件，即使工作成功或失败的行为特征或事件。在大量收集关键事件以后，可以对它们做出分析，并总结出岗位的关键特征和行为要求。关键事件法直接描述工作中的具体活动，可提示工作的动态性，既能获得有关岗位的静态信息，也可以了解岗位的动态特点，适用于大部分工作。但关键事件法归纳事例需要耗费大量时间，易遗漏一些不显著的工作行为，难以把握整个工作实体。关键事件法研究的焦点集中在岗位行为上，因为该行为是可观察的、可测量的。同时，通过这种工作分析可以确定行为的任何可能的利益和作用。

关键事件法的优点：①为向下属人员解释绩效评价结果提供一些确切的事实依据。②确保在对下属人员的绩效进行考察时，所依据的是员工在整个年度中的表现（因为这些关键事件肯定是在一年中累积下来的），而不是员工在最近一段时间的表现。③保存一种动态的关键事件记录，还可以获得一份关于下属员工是通过何种途径消除不良绩效的具体实例。

7. 专家会议法

专家会议法也是一种重要的工作分析方法，一般指的是将主题专家召集起来，针对特定职位的相关信息进行讨论，以达到收集工作信息，并验证和确认职位分析成果的目的的过程。进行专家会议的成员一般由组织内部成员和外部成员组成。内部成员主要包括现任职者、曾经任职者、直接上级、其他熟悉特定职位的人及内部客户等，外部成员主要包括其他组织的标杆职位任职者、职位分析专家以及外部客户等。专家会议过程本质上是与特定职位相关的人员集思广益的过程，通过组织的"内部—外部"、流程的"上游—下游"、时间的"过去—当前—将来"等多方面、多层次的信息交流，以达到对特定职位相对一致的评价和认识。

专家会议法的主要目的是征求各方面对特定职位的评价意见，因此，营造会场平等、互信、友好的气氛非常重要。与会人员须抛弃层级观念，就职位的各个方面进行面对面、平等的深入探讨。通过外部专家的参与，有效弥补组织内部自我修正完善能力的不足。专家会议法需要组织者在会议之前进行周密的计划安排、提供职位信息、协调与会人员时间、做好会议服务保障工作，在讨论会场安排有专人记录，以便后续信息整理。对于专家会议法未形成决议的事项，应在会后由专人负责办理，然后将讨论结果反馈给与会人员。

8. 职位分析问卷法

职位分析问卷法能为每个工作估计价值，从而准确确定工作的任职资格并进行量化，进而为制定职位薪酬提供依据。一般的职位分析问卷包括信息来源、工作产出、智力过程、人际关系、工作背景和其他职位特征等部分。

经过多年实践检验和不断修正，职位分析问卷法已经成为被广泛应用并有相当的信度的工作分析方法。职位分析问卷法结果已被应用到如工作描述、工作分类、工作评价、工作设计、人员录用、绩效评估、人员培训等人力资源管理的多个领域。

9. 管理职位描述问卷法

管理职位描述问卷法是一种以管理类职位为分析对象，以结构化问卷为形式收集工作信息的方法。由于管理工作的复杂性和多样性，传统的工作分析方法很难抓住管理工作的实质，因此需要一种与管理工作特点相适应的分析方法来完成该项工作。该分析问卷能提供关于管理职位的多种信息，如工作行为、工作联系、工作范围、决策过程、素质要求及上下级之间的汇报关系等。管理职位描述问卷法能通过计算机分析形成以应用为导向的多种决策支持型报告，供管理者和人力资源管理人员使用，从而可以应用到工作评价、绩效评价、人员选拔和晋升等相关人力资源管理职能中去。管理职位描述问卷法针对性比较强，以工作为导向，分析对象主要是管理职位。

二、工作设计

工作设计是把工作的内容、工作的资格条件和报酬结合起来，目的是满足员工和组织的需要。工作设计问题主要是组织向员工分配工作任务和职责的方式问题，工作设计是否得当对于激发员工的积极性、增强员工的满意感及提高工作绩效都有重大影响。

（一）工作设计的影响因素

一个成功有效的工作设计，必须综合考虑各种因素，即需要对工作进行周密的、有目的的计划安排，并考虑到员工的具体素质、能力及各个方面的因素，也要考虑到组织的管理方式、劳动条件、工作环境、政策机制等因素。具体进行工作设计时，必须考虑以下几个方面的因素。

1. 组织因素

工作设计最基本的目的是提高工作效率，增加产出。工作设计离不开组织对工作的要求。具体进行设计时，工作设计的内容应包含组织所有的生产经营活动，以保证组织生产经营总目标顺利有效地实现；全部岗位构成的责任体系应该能够保证组织总目标的实现。工作设计应该有助于发挥员工的个人能力，提高组织效率。这就要求工作设计时全面权衡经济效率原则和员工的职业生涯和心理上的需要，找到最佳平衡点，保证每个人满负荷工作，使组织获得生产效益和员工个人满意度两方面的收益。

2. 员工因素

人是组织活动中最基本的要素，员工需求的变化是工作设计不断更新的重要因素。工作设计的主要内容就是使员工在工作中得到最大的满足。随着文化教育和经济发展水平的提高，人们的需求层次提高了，除了一定的经济收益，他们希望在自己的工作中得到锻炼和发展，因此对工作质量的要求也更高了。

只有重视员工的要求并开发和引导其兴趣，给他们的成长和发展创造有利的条件和环境，才能激发员工的工作热情，增强组织吸引力，留住人才。否则随着员工不满意程度的增加，带来的是员工的冷漠和生产低效，以致人才流失。因此，工作设计时要尽可能地使工作特征与要求适合员工个人特征，使员工能在工作中发挥最大的潜力。

3. 环境因素

（1）人力供给方面。工作设计必须从现实情况出发，不能仅凭主观愿望，而要考虑与人力资源的实际水平相一致。例如，在我国目前人力资源素质不高的情况下，工作内容的设计应相对简单，在技术的引进上也应结合人力资源的情况，否则引进的技术没有合适的人使用，就会造成资源的浪费，影响组织的生产。

（2）社会期望方面。社会期望是指人们希望通过工作满足些什么。不同的员工其需求层次是不同的，这就要求在工作设计时考虑一些人性方面的东西。如今，激励越来越受到管理者的重视，因为它是对员工从事劳动的内在动机的了解和促进，从而使员工在最有效率、最富有创造力的状态下工作。工作设计直接决定了人在其所从事的工作中干什么、怎么干，有无机动性，能否发挥其主动性、创造性，有没有可能形成良好的人际关系等。优良的工作设计能保证员工从工作本身寻得意义与价值，可以使员工体验到工作的重要性和自己所负的责任，及时了解工作的结果，从而产生高度的内在激励作用，形成高质量的工作绩效及对工作高度的满足感，达到最佳激励水平，为充分发挥员工的主动性和积极性创造条件。这样组织才能形成具有持续发展的竞争力。

（二）工作设计的内容

1. 工作内容

工作内容的设计是工作设计的重点，一般包括工作的广度、工作的深度、工作的完整性、工作的自主性及工作的反馈性五个方面。

（1）工作的广度。工作的广度即工作的多样性。设计工作时应尽量使工作多样化，使员工完成任务的过程中能进行不同的活动，保持工作的兴趣。

（2）工作的深度。设计的工作应具有从易到难的层次，对员工工作的技能提出不同程度的要求，从而增加工作的挑战性，激发员工的创造力和克服困难的能力。

（3）工作的完整性。保证工作的完整性能使员工有成就感，即使是流水作业中的一个简单程序，也要求是全过程，让员工见到自己的工作成果，感受到自己工作的意义。

（4）工作的自主性。适当的自主权利能增加员工的工作责任感，使员工感到自己受到了信任和重视。认识到自己工作的重要性，使员工工作的责任心增强、工作的热情提高。

（5）工作的反馈性。工作的反馈包括两个方面：①同事及上级对自己工作意见的反馈，如对自己工作能力、工作态度的评价等；②工作本身的反馈，如工作的质量、数量、效率等。工作反馈信息使员工对自己的工作效果有全面的认识，能正确引导和激励员工，有利于工作的精益求精。

2. 工作职责

工作职责的设计主要包括工作的责任、权利、方法及工作中的相互沟通和协作等方面。

（1）工作责任。工作责任设计就是员工在工作中应承担的职责及压力范围的界定，也就是工作负荷的设定。责任的界定要适度，工作负荷过低、无压力，会导致员工行为轻率和低效；工作负荷过高、压力过大又会影响员工的身心健康，会导致员工的抱怨和抵触。

（2）权利与责任。权利与责任是相互对应的，责任越大则权利范围越广，否则二者相脱节，会影响员工的工作积极性。

（3）工作方法。工作方法包括领导对下级的工作方法、组织和个人的工作方法等。工作方法的设计具有灵活性和多样性，不同性质的工作根据其工作特点的不同采取的具体方法也不同，不能千篇一律。

（4）相互沟通。沟通是一个信息交流的过程，是整个工作流程顺利进行的信息基础，包括垂直沟通、平行沟通、斜向沟通等形式。

（5）协作。整个组织是有机联系的整体，是由若干相互联系、相互制约的环节构成的，每个环节的变化都会影响其他环节及整个组织运行。因此各环节之间必须相互合作、相互制约。

（三）工作设计的方法

现代工作设计方法应充分考虑人的要求和因素，吸纳传统方法中的合理成分，克服其存在的根本弊端，突出人的因素和需要。工作设计的方法有多种，其中心思想是工作丰富化，而工作丰富化的核心是激励的工作特征模型。这些方法主要包括以下几种。

1. 工作专业化

当员工的素质和精力难以适应复杂而综合的工作时，就应通过提高专业化程度将工作简化。工作专业化是一种传统的工作设计方法。它通过对动作和时间的研究，把工作分配为许多很小的单一化、标准化和专业化的操作内容及操作程序，并对员工进行培训和激励，使之保持高效率。专业化工作设计的优点包括：①专业化与单一化最紧密地结合在一起，从而可以最大限度地提高员工的操作效率；②对工作执行者的技术要求低，可以节省大量的培训费用；③可以大大降低生产成本；④标准化的工序和操作方法，加强了管理者对产品数量和质量的控制，以保证生产的均衡。

2. 工作扩大化

与工作专业化相对应的是工作扩大化。工作扩大化旨在改变专业化的高效率工作所带来的单调和枯燥乏味。它包括横向扩大工作和纵向扩大工作。

（1）横向扩大工作。横向扩大工作的方法很多，例如，将属于分工很细的作业单位合并，由一人负责一道工序改为几个人共同负责几道工序；在单调的作业中增加一些变动因素，如从事一部分维修保养、清洗滑润的辅助工作；采用包干负责制，由一个人或一个小组负责一件完整的工作，降低流水线传动速度，延长加工周期，用多项操作代替单项操作等。

（2）纵向扩大工作。纵向扩大工作是将经营人员的部分职能转由生产者承担，工作范围沿组织形式的方向垂直扩大化。例如，生产工人参与计划制订，自行决定生产目标、作业程序、操作方法、检验衡量工作质量和数量，并进行经济核算。

工作扩大化的实质内容是增加每个员工应掌握的技术种类和扩大操作工作的数目，目的在于降低对原有工作的单调感和厌恶情绪，从而提高员工的工作满意度。工作扩大化在实际应用中的作用非常有限，赫茨伯格曾批评工作扩大化是"用零加上零"。

3. 工作轮换

这种方法并不改变工作设计本身，而只是让员工先后承担不同的但内容相似的工作，定期从一个岗位转到另一个岗位。这样做使员工有更强的适应能力，感受到工作的挑战性及在一个新岗位上产生的新鲜感。工作轮换的工作设计方法给员工提供了拓展技能和一个较全面地观察、了解整个生产过程的机会，对组织的全局有更好的把握。

4. 工作丰富化

工作丰富化，是指在工作中赋予员工更多的责任、自主权和控制权，以满足员工的心理需求，达到激励的目的。工作丰富化思想对工作设计的影响很大，并在此基础上形成了一个著名的工作特征模型方法。

工作特征模型方法的理论依据是赫茨伯格的双因素理论。根据"保健—激励"因素理论，赫茨伯格设计了一种工作丰富化方法，即在工作中添加一些可以使员工有机会获得成就感的激励因子，以使工作更有趣、更富有挑战性。这一般要求给员工更多自主权，允许员工做更多有关规划和监督的工作。

工作丰富化可采取以下措施：①组成自然的工作群体，使每个员工尽心为自己的部门工作，以改变员工的工作内容；②实行任务合并，让员工承担一项从头到尾的完整工作，而不只是让他承担其中的某一部分；③建立客户关系，即尽可能给予员工与客户接触的机会；④让员工自己规划和控制其工作，而不是让别人来控制，员工可以自己安排工作进度，处理遇到的问题，并且自己决定上下班的时间；⑤畅通反馈渠道，找出更好的方法，让员工迅速了解其绩效情形。

工作丰富化的核心就是激励的工作特征模型。这一模型的运用可以使员工产生三种心理状态，即感受到工作的意义、感受到工作结果的责任和了解工作结果。这些心理状态可以影响个人和工作的结果，即内在工作动力、绩效水平、工作满足感、缺勤率和离职率。而引起这些关键心理状态的是工作的某些核心维度，如技能的多样性、任务的完整性、工作任务的意义、任务的自主性和反馈。工作特征模型认为可以把一个工作按照与这些核心维度的相似性或差异性来描述，按照模型中的实施方法丰富化了的工作就具有高水平的核心维度，并可由此创造出高水平的心理状态和工作成果。

工作特征模型强调员工与工作之间心理上的相互作用，并且强调最好的工作设计应该给员工以内在激励。这种方法的优点是认识到员工社会需要的重要性，可以提高员工的工作动力、满意度和生产率；缺点是成本和事故率比较高。这一模型在实践中的应用还需进一步探索。

（四）工作设计的步骤

为了提高工作设计的效果，在进行工作设计时应按以下几个步骤来进行。

第一，需求分析。工作设计的第一步就是对原有工作状况进行调查诊断，以决定是否应进行工作设计，应着重在哪些方面进行改进。一般来说，员工工作满意度下降和积极性较低、工作情绪消沉等情况，都是需要进行工作设计的现象。

第二，可行性分析。在确认工作设计之后，还应进行可行性分析。首先应考虑该项工作是否能够通过工作设计改善工作特征，从经济效益、社会效益上看，是否值得投资；其次应该考虑员工是否具备从事新工作的心理与技能准备，如有必要，可先进行相应的培训学习。

第三，评估工作特征。在可行性分析的基础上，正式成立工作设计小组负责工作设计，小组成员应包括工作设计专家、管理人员和一线员工。由工作设计小组负责调查、诊断和评估原有工作的基本特征，分析比较，提出需要改进的方面。

第四，制订工作设计方案。根据工作调查和评估的结果，由工作设计小组提出可供选择的工作设计方案。工作设计方案中包括工作特征的改进对策及新工作体系的工作职责、工作规程与工作方式等方面的内容。在方案确定后，可选择适当部门与人员进行试点，检验效果。

第五，评价与推广。根据试点情况及进行研究工作设计的效果进行评价。评价主要集中于三个方面：员工的态度和反应、员工的工作绩效、企业的投资成本和效益。如果工作设计效果良好，应及时在同类型工作中进行推广应用，在更大范围内进行工作设计。

第三章 人力资源的招聘与培训开发

第一节 员工招聘与甄选

员工招聘与甄选是人力资源管理的重要内容。招聘与甄选工作的成效如何，直接决定组织拥有人力资源的数量与质量，能否与组织的需要相匹配，决定组织能否获得人才，从而影响组织的竞争力及其绩效。因此，员工招聘与甄选对组织发展至关重要。

一、员工招聘

员工招聘作为各类组织获取人才的主要渠道，在人力资源管理中起着举足轻重的作用。"人力资源管理中的招聘既是人力资源管理的第一关，又是人力资源管理活动的基础和关键环节之一。"[①] 招聘管理向着更专业化的方向发展，这就需要人力资源管理者能进一步规范招聘管理流程，掌握科学的甄选技术，通过招聘甄选体系的构建与实施，更深入地配合员工培训、职业发展、绩效考核、薪酬管理、劳动关系管理等人力资源管理的其他环节，为组织的健康发展和战略目标的实现提供有力的人才保障。

（一）员工招聘的含义

招聘是指组织为了生存和发展，依据人力资源规划和工作分析所确定的岗位需求，采用一定的方法，及时、足量地吸引具有合适资质的个人前来组织求职，并从中选拔出合适的人员予以录用的管理过程。

招聘是组织吸收与获取人才的过程，是获得优秀员工的保证。招聘实际上包括两个相互独立的过程，即招募和选拔聘用。招募是招聘的前提和基础，选拔聘用是招聘的目的和结果。招募主要是通过各种渠道及宣传来扩大影响，树立组织形象，达到扩大组织影响、吸引人才的目的；选拔聘用是使用各种测评技术及选拔方法，挑选适合特定岗位员工的

---

① 王莹. 东西方在医院员工招聘与甄选上的差异及借鉴［J］. 农垦医学，2008，30（6）：515-517.

过程。

（二）员工招聘的原则

第一，公开原则。公开原则是指将招聘单位、部门及岗位需求、岗位任职资格、报考资格、条件及考查方式等均面向社会公开进行。一方面，给予求职者公平竞争的机会，达到广揽人才的目的；另一方面，使招聘工作置于社会的监督之下，防止不正之风。

第二，平等原则。平等原则是指对所有报考者一视同仁，不得人为地制造各种不平等的限制条件（如性别、地域歧视），以及各种不平等的优先政策。

第三，全面原则。全面原则是指对应聘者的品德、知识、能力、心理素质和过去的工作经验进行全面的考查与评价。因为一个人能否胜任某项工作或者职业发展前途如何，是由多种因素决定的。

第四，人岗匹配原则。人岗匹配原则是指应聘者的知识、技能、能力等素质应与应聘岗位相契合，使应聘者能够胜任岗位的各项工作，最大限度地发挥其才能。

第五，效率原则。效率原则是指根据不同的招聘需求，灵活选取恰当的招聘方式，用尽可能低的招聘成本录用高质量的员工。

第六，守法原则。人才招聘与选拔必须遵守国家的法律法规，杜绝聘用过程中的违法行为。

（三）员工招聘的渠道和方法

1. 内部渠道

（1）内部渠道招聘的优势。内部渠道是从组织内部选拔合适的人才来补充空缺或新增的职位。通过内部渠道选拔合适的人才，发挥组织中现有人员的工作积极性，加速人员的岗位适应性，减少招聘、录用时的资源支出，也减少培训期和培训费用。具体来说，内部渠道的优势有三个。

第一，选拔的可信度性高。管理者和员工之间的信息是对称的，内部员工的历史资料有案可查，管理者对其工作态度、素质能力以及发展潜能等方面有比较准确的认识和把握。

第二，组织的运行效率高。现有的员工更容易接受指挥、沟通和协调。有助于员工贯彻和执行组织的方针决策，发挥组织效能。

第三，激励效果高。内部选拔能够给员工提供晋升机会，容易鼓舞员工士气。通过内部选拔，使组织内部形成积极进取的气氛。

（2）内部渠道招聘的方法。

第一，内部晋升或岗位轮换。建立在系统有序基础上的内部职位空缺补充方法。建立完整的职位体系，明确不同职位的关键职责、职位级别、职位的晋升轮换关系；基于员工绩效管理，建立员工的职业生涯管理体系与发展档案，帮助员工建立个人的职业发展规划，根据员工的发展愿望和发展可能性进行有序的岗位轮换，提升具有潜力的员工。

第二，工作告示与投标。前者是一种向员工通报现有工作岗位空缺的方法，内容包括：工作说明书中有关空缺职位的相关信息。人力资源管理部门承担全部的书面工作，并负责安排用人部门对申请人进行面试。后者是允许那些认为自身具备所需资格的员工申请公告中所列工作的自荐方法。

第三，内部转正。当正式岗位出现空缺时，可以考虑临时人员的转正问题。这样，临时人员也就成为补充职位空缺的内部来源。

2. 外部渠道

外部渠道是通过外部获得组织所需的人员，通过向外部招聘，组织可以补充初级岗位，获得现有员工不具备的技术，获得能够提供新思想的并具有不同背景的员工。外部渠道可以委托各种劳动就业机构，也可以自行招聘录用。组织应根据各种招聘方法的优缺点全面权衡，同时要充分考虑到自身条件，在进行全面分析比较的基础上来选择适合组织的招聘方法。

（1）外部渠道招聘的优势：①外聘优秀的技术人才可以为组织带来不同的价值观和新观点、新思路、新方法、新活力，对组织的发展来说是至关重要的。②外部渠道广阔，挑选的余地大。组织可以招聘到许多优秀人才，节省大量内部培养和培训的费用，促进社会化的人才合理流动。③外部招聘是一种信息交流方式，组织可以借此树立良好形象。

（2）外部渠道招聘的方法。当组织迅速发展、严重依赖外部提供重要人才时，有效利用外部劳动力市场、吸引外部人才就成为组织招聘的工作重点。外部招聘的方法包括：校园招聘、网络招聘、媒体广告。

第一，校园招聘。校园招聘是各用人单位引进高素质人才的重要渠道。各类学校为组织提供大量受过良好正规教育，虽然实际经验少但是学习能力较强的应届生。组织在校园进行招聘应该注意的问题和采取的途径有：①关注校园信息，追踪目标学校的就业动态；②与校方有关机构和人员保持良好的联系，推广组织形象；③设立奖学金与助学金；④组织学生到组织参观、实习。

第二，网络招聘。互联网的多种功能为招聘提供便利。通过互联网招聘的途径有：①专业招聘网站。招聘网站可以提供大量的招聘信息，并且提供网上的招聘管理组织和个人求职管理服务。②直接发布招聘信息。招聘者注册网站账号，再按照指定的方法将职位信息发布出去。③利用组织自有网站。无论从效益还是从费用的角度来看，组织在自有的网站上制作精美的招聘网页，都是极具优势的。组织的网站应该成为组织与人才互动交流的有效窗口。

第三，媒体广告。媒体广告是最为传统的招聘方式，不同的广告媒体具有不同的优点。①报纸。报纸的优点：造价低廉，制作简便，信息量大。②电视。电视的优点：电视是一种视听结合的媒介，传真性强，受众面广，影响面大，比广播更能够吸引受众。③印刷品。发布招聘广告印刷品的优点：印刷品指向性明确，能够引起应聘者的兴趣并采取行动。

（四）员工招聘的流程

员工招聘是招聘系统中的一个重要环节，其目的在于吸引足量的人前来应聘，使得组织有更大的人员选择余地。有效的人员招聘可以提高招聘质量，减少组织和个人的损失。具体来说，人员招聘的流程有以下三个步骤。

1. 制订招聘计划

招聘计划是招聘工作开展的主要依据，是组织依据发展目标和岗位需求对某一阶段招聘工作所进行的安排。科学的招聘计划对于整个招聘工作的开展以及人员招聘质量都具有重要意义。

（1）明确招聘人员的岗位及数量。一般来说，招聘人员的岗位及数量主要依据组织人力资源规划及岗位说明书中明确规定的人员需求信息来确定。另外，员工离职带来的人员流失也是组织人员需求的来源之一。

（2）选择招聘方式。招聘方式的选择并不是凭空想象的，需要在明确具体招聘目标的前提下，综合考量招聘成本、时间等因素。

（3）明确招聘成本。组织招聘的总成本包括以下三个方面：①人事费用。具体包括招聘工作人员的工资、补贴、差旅费和加班费等。②业务费用。具体包括通信费、体检费、广告费（在电视、网络、报纸等上刊登的招聘信息）、信息服务费等。③一般性开支。具体包括场地租用费、办公设备购置费、水电费等。

（4）招聘实施部门与人员确定。招聘实施部门既包括用人部门，又包括人力资源部门。招聘实施中，特别要注意对招聘工作人员的挑选和培训。因此，组织应挑选有经验、熟悉组织内部情况和岗位，且表达能力强、形象较好的人员作为招聘者。

2. 执行招聘计划

（1）制定招聘简章。招聘简章的基本内容应包括标题、招聘组织简介、招聘岗位、待遇、人数及招聘对象，以及应聘的具体时间、地点、联系人等。一份好的招聘简章应该充分显示组织对人才的渴求和吸引力，并且能够突出组织特色。一般来说，它的基本要求如下：①招聘对象的条件应简明清楚，一目了然。②招聘人数一般应为实际需求的两倍。③措辞既要实事求是，又要热情洋溢，表现出对人才的渴求和尊重。

（2）发布招聘信息。招聘简章制定后，就要选择合适的方式向社会发布招聘信息。招聘信息的发布时间、发布方式等是根据招聘计划来确定的。

（3）人员初步筛选。人力资源部门应对应聘人员的资料进行整理、分类，定期交给各主管领导。各主管领导要根据具体的招聘要求，对应聘人员进行初步筛选，确定面试人选，并填写面试通知单。之后，各主管领导将面试人选资料及面试通知单送交人力资源部门，由人力资源部门通知面试人员。

3. 招聘效果评估

招聘结束后，要对招聘的效果进行评估，以明确招聘工作的执行效果，总结经验，为下次招聘提供改进建议。

二、员工甄选

员工甄选是指用人单位在招聘工作完成后，依据岗位要求和标准，运用一定方法和手段从一组应聘者中挑选出最适合特定岗位及组织的求职者的过程。人才与工作岗位、组织之间实现良好的匹配，是甄选过程的目的所在，也是组织有效实现组织目标的最重要因素。

（一）员工甄选的含义

员工甄选是指组织在招聘过程中，通过一系列评估和筛选步骤，从候选人中选择最合适的人才加入组织。它是一个关键的人力资源管理环节，旨在确保组织能够招聘到具备所需技能、经验和潜力的候选人，以适应组织的需求并实现长期的成功。

员工甄选的含义可以从以下几个方面进行解释。

第一，匹配组织需求。员工甄选的目的是找到与组织需求最匹配的候选人。这包括技能、知识、经验、资格和文化适配度等方面的匹配。通过细致的甄选过程，组织可以选择那些最符合岗位要求、有能力胜任工作的候选人。

第二，提高招聘效率。员工甄选有助于提高招聘过程的效率。通过有效的筛选和评估，可以减少不合适候选人的数量，从而节省时间和资源。甄选过程中的面试、测试和背景调查等环节，帮助组织更好地了解候选人的能力和背景，做出更准确的决策。

第三，降低人员流失率。通过员工甄选，组织可以更好地匹配候选人的技能和兴趣与工作要求。这有助于提高员工的工作满意度和投入度，降低员工流失率。选择适合的候选人可以增加员工的工作稳定性，减少员工的离职意愿，提高员工的长期绩效。

第四，增强团队合作和效能。合适的员工选择有助于构建高效的团队。通过甄选那些具有良好的合作能力、沟通技巧和适应能力的候选人，可以增强团队的协作和效能。合适的人员选择还可以促进员工之间的积极互动和知识共享，进一步提高组织的绩效和创新能力。

第五，塑造组织文化和价值观。员工甄选过程中，组织可以关注候选人与组织文化和价值观的契合度。选择与组织价值观相符合的候选人，有助于塑造和维护组织的独特文化。这有助于形成共同的工作理念、增强员工的认同感和凝聚力。

（二）员工甄选的作用

第一，降低人员招聘的风险。通过各种人员测评的方法对候选人进行选择和评价，可以了解一个人的能力、个性特点、工作风格等与工作相关的各方面素质，得出一些诊断性的信息，从而分析该候选人是否能胜任工作。这样可以使组织找到适合职位要求的人，有效地避免招进不符合任职资格的人，降低由于雇用不胜任的人员而带来的人事风险。

第二，有利于节省人工成本。有效的选择可以使进入组织的人员素质更符合空缺职位的要求，从而可以降低培训工作的投入。而且当人员素质低于职位要求时，组织支付的工资可能大于该员工为组织创造的价值；反之，招进的人员素质如果远高于工作所需，则难以留住人才。人员与工作匹配会让组织更加稳定，人员流失会造成组织的成本耗费，如新一轮招聘费用、培训费等。

第三，为人员的预测与发展奠定基础。招聘员工时不仅要看到他的目前特点和职位适应情况，更要根据人与环境的变化预测他的未来发展可能性。人员选择技术不仅可以了解候选人当前的素质状况，为目前的入职匹配提供信息，而且还可以提供候选人的未来发展可能性的信息。这样就可以根据一个人的未来发展潜能，来制订职业发展规划并提供适当的培训与提高的机会。

（三）员工甄选的流程

一般而言，组织在完成员工招聘工作后，要对初步确定的面试人员进行甄选。在员工甄选过程中，应该深入了解，全面考核，认真筛选，才能保证录用的人员与其任职的岗位相适应。

第一，评价工作申请表和简历。通过审查应聘者的工作申请表和简历，可以大致了解其教育经历、工作经验及技能等基本情况，然后对照组织的招聘要求，排除掉不符合要求的应聘者，从而减少招聘工作量，降低招聘成本。

第二，选拔测试。一般通过笔试的形式进行，通过笔试成绩可以对人才进行初步筛选。

第三，初步面试。初步面试主要用来增进应聘者与组织间的相互了解，起进一步筛选的作用。

第四，深入面试。初步面试后，由人力资源部门通知初试合格者参加招聘小组组织的面试。面试应采取多种甄选技术，综合考查应聘者在面试中的行为表现和心理状态，判断其是否符合应聘岗位的要求。面试的优点非常明显，主要体现在操作简单方便，组织直接接触应聘者，能够全面了解应聘者各个方面的素质。

第五，背景及资格审查。对于通过面试程序筛选出来的合格应聘者，要进一步对其进行背景及资格审查。审查的具体内容包括应聘者的品行、学历和工作经验等。审查方法有审查学历和资历的证明文件，如毕业证书、职业资格证书等，也可以查阅人事档案，或向应聘者以前的学习或工作单位进行调查。

第六，录用决策。经过一些人才选拔程序，对测试合格的人员要做出最终录用决策。

（四）人员甄选的方法

当前，我国各类组织越来越重视采用科学的手段来挑选员工。招聘工作中常用的员工甄选方法既包括笔试、心理测试等简便的团体测试，也包括面试及情景模拟法等复杂的测试，具体实施中可根据不同需求加以选择。

1. 笔试

笔试是指通过纸笔测验的形式客观了解应聘者的知识结构、能力及经验等基本素质的一种方法。根据考试内容的不同，笔试可以分为通识考试、专业知识考试（又称结构考试）和业务知识考试。通过笔试可以对应聘者的基本素质、专业知识结构和工作熟练度作出基本判断。笔试在大规模的组织招聘员工中应用广泛，它能较快地了解应聘人员的基本情况，并据此进行初步的人才筛选。

笔试质量的高低取决于试卷的命题技术。在设计试卷时，组织必须以工作分析得出的相关岗位工作人员所需要的知识结构为依据，制订命题计划，并据此设计具体的考试内容、题型分布等，切忌命题的主观性及随意性。

笔试的优点是知识覆盖面广，对知识、技能的考核信度和效度都较高，可以大规模地进行分析，因此耗时少、效率高；另外与直接面试相比，被试人心理压力较小，较易发挥正常水平，成绩评定较为客观。因此，组织在招聘时，一般采取笔试与其他测试方法相结合的方式来进行，将笔试作为初次筛选的依据，测试合格者才能继续参加面试或下一轮测试。

2. 心理测试

很多企业在招聘过程中，采用心理测试的方法来挑选合适的应聘者。随着人力资源开发与管理的科学化、标准化的发展，心理测试在我国企业招聘中的应用也越来越广泛。通过科学规范的心理测试，可以较客观、真实地了解一个人的个性与能力，从而保证"人岗匹配"原则的有效实现。

一般来说，用于招聘的心理测试主要包括以下四种类型。

（1）智力测试。智力测试是指对个人智力水平的科学测试，它主要测试一个人的思维能力、学习能力及适应环境的能力。智力的高低可以直接影响个人各方面的能力。在人员甄选过程中，通常要先确定岗位所需的最低能力分数线，然后对其测试，根据测试结果进行初步筛选。

（2）人格测试。人格（个性）是一个人心理特征的统一，它决定人的外显行为（如态度、兴趣、同情心等）和内隐行为（如动机、品德等），并使个体之间的行为表现出稳定的差异性。人格对一个人的影响是极为重要的，不同性格、气质的人适合从事不同类型的工作。对一些重要的工作岗位，如领导岗位，在选择人才时，需要进行人格测试。

人格测试主要有自陈式测验量表和投射式测验量表两种。自陈式测验量表是指由被试者根据自身实际情况填写一组测量问卷，主试者根据被试者的答案得分与评分标准相比较，从而判断被试者的人格特征的方法。投射式测验量表主要用于探求个体内在行为及潜意识的深层态度、动机，主要采取图片测试。常见的有罗夏墨迹测验，指通过向被试者呈现标准化的由墨渍偶然形成的模样刺激图片，让被试者自由地看并说出由此所联想到的东西，然后将这些反应用符号进行分类记录，并加以分析，进而对被试者人格的各种特征进行诊断。

（3）职业兴趣测试。职业兴趣揭示应聘者想做什么和喜欢做什么，从中可以发现应聘者最感兴趣并能获得最大满足的工作是什么。职业兴趣能够最大限度地开发人的职业潜能，是一个人职业成功的重要条件。了解职业兴趣的主要途径是采用职业兴趣测验量表或问卷来进行。

（4）职业能力测试。一个人要想在工作中取得一定成就，就必须具备一定的职业能力。职业能力可以分为一般能力和特殊能力。一般能力指在不同种类的职业活动中表现出来的共同能力，如判断能力、观察能力等。特殊能力指某些特定的职业活动所需要的特殊能力，如画家需要良好的空间色彩知觉能力，运动员需要良好的持久力和耐力能力。据此，招聘中职业能力测试可以分为两类：一类是一般职业能力测验，另一类是专门职业能力测验。实际操作中，要根据岗位说明书列举的任职资格，设置对应的测试题目。

3. 面试

面试是人员甄选过程中经常用到的一种方式，是指主试者通过与被试者面对面地交流等方式，了解应聘者的基本素质、能力与求职动机的一种员工甄选方法。面试具有灵活、考查深入等优点，可以对应聘者的学识及能力、个性等做出较为全面的评价；缺点是主观性强、实施过程缺乏规范性，在一定程度上会导致对被试者的评价出现偏差。

（1）面试的类型。根据面试组织形式是否标准化、程序化，面试可以分为结构化面试、非结构化面试、半结构化面试。在结构化面试中，问题的设计和答案都是事先设计好的，面试的内容、方式、程序、评分标准及结果的评价等构成要素按照统一的标准和要求进行。使用结构化面试可以避免主观性，具有较高的信度和效度。结构化面试取得成功的关键在于事先的准备。在非结构化面试中，面试没有固定的形式，其内容往往是开放式问题，随意性较强。面试考官的提问往往是综合性的，要求应聘者具有较好的应变能力。介于结构化面试和非结构化面试之间的面试形式是半结构化面试，它综合了结构化面试与非结构化面试的特点，是组织招聘中比较常见的员工甄选技术之一。

根据面试的具体形式，面试可以分为个别面试、小组面试和集体面试。个别面试是一对一的，有利于面试双方深入了解，但结果易受面试考官的主观影响。小组面试通常是由两三个人组成面试小组，对应聘者分别进行面试，其形式是多对一，能够提高面试结果的准确性，克服主观偏见。集体面试的形式是多对多，通常是由两三个人组成面试小组，逐一对各个应聘者进行面试，应聘者在面试考官的引导下，回答一系列问题，从而在这一过程中对应聘者的表达能力、逻辑思维能力、解决问题能力、人际交往能力等进行考查。集体面试具有较高的效率，可以对应聘者进行较为全面的评价，但对主考官的自身素质要求也比较高。

根据面试的目的，面试可以分为评估性面试和压力面试。评估性面试主要用于评价应聘者的工作业绩。压力面试是指有目的地制造一个紧张氛围，通过对应聘者提问一个不礼貌的问题或将其置于一种不舒服的环境中，考查应聘者对压力的承受能力及应变能力。压力面试常用于招聘公关人员及高级管理人员。

（2）面试的过程。面试的具体实施过程包括准备阶段、导入阶段、核心阶段及面试评价阶段。

第一，面试准备阶段。这一阶段面试人员通常会与应聘者讨论一些无关工作的问题，以帮助应聘者消除紧张戒备心理，创造一个和谐、轻松、友好的面试氛围，以便实现后续面试过程中更加良好的沟通。

第二，面试导入阶段。在导入阶段，面试人员一般会提问应聘者一些比较熟悉的话题，以期应聘者可以由紧张的状态自然过渡到面试过程中。这些问题包括对应聘者个人背景的了解，如应聘者的家庭背景、教育经历及工作履历等。

第三，面试核心阶段。核心阶段是整个面试中最为重要的部分。在这一阶段，面试人员会着重对应聘者胜任工作的各项能力要素进行考查。在这一阶段，尤其需要注意面试提问的技巧，要清楚提问的目的，准备好提问提纲，并且要采取别人易于理解的方式进行提问。提问时，一般应遵循先易后难、循序渐进的原则。通常的提问方式有以下五种：①封闭式提问。事先设计好答案，问题的回答被限制在备选答案中，应聘者只需回答"是"或"否"的提问。通常，这类问题只充当过渡式提问。②开放式提问。这是一种鼓励应聘者自由发挥的提问方式。通过应聘者回答问题的方式，考查其语言表达能力及沟通技巧。③引导性提问。涉及工资、福利等问题时，通过引导性提问的方式征询应聘者的意见。④压迫性提问。通过设置一系列相互矛盾的问题，考查应聘者的应变能力及在压力情景下的反应能力。⑤假设性提问。提问一个与应聘者未来工作情景有关的假设性问题，通过应聘者的回答，综合考查应聘者的逻辑思维能力、创造性、工作风格及处理问题的能力。

第四，面试评价阶段。面试结束时应给应聘者提问的机会，并整理好面试记录表。面试成绩的评定应依据面试过程中收集到的信息，由各个面试考官对应聘者的个人修养、求职动机等进行判断并独立打分。

（3）提高面试效果的对策。面试是一个选拔人才的持续过程，面试前应采取各种对策，尽可能地提高面试双方交流的效果。①围绕面试目的及特定岗位的职责要求选取合适的面试形式，准备好面试问题清单并设计合理的提问方式。②对面试考官及相关工作人员进行专门培训，确保他们在面试前熟悉应聘者的资料和相关情况，增强面试的针对性。③选择合适的面试场所和地点，面试场所应保持安静、整洁。④合理安排面试时间，保证每位应聘者的面试时间基本保持一致，并且面试时间一般不超过半个小时。⑤创造条件，保持面试气氛的和谐，缓解应聘者的紧张情绪。⑥将面试与其他甄选技术相结合，提高面试的有效性。

4. 情景模拟法

情景模拟法，又称评价中心，是现代员工甄选技术中最具特色、最复杂的一项技术。它是将应聘者置于一个逼真的工作情景中，采用多种评价技术，观察和分析应聘者在模拟情景下的心理、行为等表现，从而识别应聘者未来的工作潜能和能力素质。

情景模拟法是一种综合性的人员测评方法，其最突出的特点是使用情景性的测试方法对应聘者的行为特点进行观察与评价。常用的情景测验方法有公文处理和无领导小组讨论等。

（1）公文处理。公文处理是模拟一个组织所发生的实际业务，要求应聘者扮演组织中某一领导角色，在规定的时间及条件内对一堆待处理的公文材料进行处理，并形成公文处理报告。招聘者通过观察应聘者在这一过程中的行为表现及处理问题的方式，对其在管理方面的计划、组织、协调等能力，以及收集和处理信息的能力进行判断。公文处理具有考查范围广、实施过程简单等优势，因此，它是情景模拟测验中使用频率较高的一种测试技术。

（2）无领导小组讨论。无领导小组讨论也是情景模拟中经常使用的一种方法。它是将应聘者分为若干个小组（5~7人一组），就某些争议性比较大的问题进行讨论，讨论过程中不指定谁是领导，也不指定应聘者的位置，让应聘者自行安排组织，应聘者通过在一旁观察评价对象的行为表现并据此对应聘者做出评价的一种方法。

无领导小组讨论的目的是考查应聘者的口头表达能力、沟通协调能力、应变能力、领导能力及辩论说服能力等。同时，也可以对应聘者的自信心、责任感、灵活性及团队精神等个性风格进行考查，由此来综合评价应聘者之间的差别。在无领导小组讨论过程中，对于招聘者来说，最为重要的是善于观察。

第二节　人员录用与评估

一、人员录用

人力资源的人员录用是组织和企业管理中至关重要的一个环节，它涉及招聘、选拔、评估和录取合适的人才，以满足组织的需求并实现其战略目标。人员录用过程旨在确保组织能够吸引、选择和留住高素质的员工，从而提高组织的竞争力和绩效。

（一）人员录用的含义

人员录用是指组织与个人签订就业合同，同意将其聘用为组织的一员。这一过程是组织中人力资源管理的重要环节，旨在选择和吸引具有适当技能和素质的候选人，以满足组织的业务需求并实现组织目标。人员录用具有深远的含义，既涉及个体的职业发展，也涉及组织的长期发展。

对于个人而言，录用是实现就业的重要途径之一。通过录用，个人可以获得稳定的工作机会，并展开职业生涯的征程。此外，录用还意味着组织对个人能力和潜力的认可，为其提供在组织中发挥才华的机会。

对组织而言，人员录用是推动组织成长和创新的基石。通过招募和录用最佳人才，组织能够确保其人力资源库中有高素质、适应力强的员工。这些员工不仅具备所需的专业知识和技能，还能够为组织带来新的想法和创意，推动创新和持续发展。

人员录用还涉及一系列的程序和筛选过程，以确保最佳的人选被选入组织。通常，组织会通过发布职位招聘广告来吸引应聘者，接收并筛选简历，进行面试和考核，最终选择适合的候选人。这一过程通常是经过精心设计和实施的，旨在评估候选人的能力、经验、背景和潜力，以便做出明智的录用决策。

此外，人员录用还涉及与候选人之间的双向选择过程。候选人也会评估和选择适合自己的工作机会和组织。他们会考虑组织的声誉、文化、福利待遇以及职业发展机会等因素。因此，人员录用过程中的互动和交流对于候选人和组织来说都至关重要。

总之，人员录用是一个关键的过程，对于个人和组织来说都具有重要的意义。它为个人提供就业机会和职业发展，同时也为组织提供有才华和能力的员工，促进组织的持续成长和成功。因此，有效的人员录用是组织成功的关键之一，需要经过慎重的筛选和评估，以确保最佳人选的选择和录用。

（二）人员录用的目的

人员录用是一项重要的管理活动，旨在为组织寻找并选择适合岗位的人才。这一过程涉及吸引、评估和选拔候选人，以确保他们具备满足组织需求的技能、经验和素质。人员录用的目的是确保组织能够实现其战略目标，并在竞争激烈的市场环境中取得成功。

首先，人员录用的目的是满足组织的人力资源需求。组织需要具备多样化技能和背景的员工团队，以适应不断变化的业务环境。通过招聘和录用合适的员工，组织能够确保拥有所需专业知识和能力的员工团队，以应对日益复杂的业务挑战。

其次，人员录用的目的是促进组织的创新和发展。拥有经验丰富、富有创造力和多样化思维方式的员工可以为组织带来新的想法和观点。他们能够提供独特的见解，并在解决问题和推动创新方面发挥关键作用。因此，通过聘用有创造力和激情的人才，组织能够推动自身的发展和竞争力。

最后，人员录用的目的还在于建立强大的团队和组织文化。员工是组织的重要资产，他们的态度、价值观和行为方式对组织的文化和工作氛围产生深远影响。通过精心挑选和招募符合组织价值观和文化的员工，组织能够塑造积极、合作和有成效的工作环境，促进团队协作和员工满意度。拥有适当技能和经验的员工能够更好地履行其工作职责，提高工作效率和质量。他们能够迅速适应新环境并产生积极影响，从而为组织的目标达成做出贡献。因此，通过录用符合岗位要求和组织期望的员工，组织能够提升绩效水平，实现长期成功。

综上所述，人员录用的目的是为组织寻找合适的人才，以满足人力资源需求、促进创新和发展、建立强大的团队和组织文化，以及提高员工和组织的绩效。这一过程对于组织的长期成功至关重要，因为它为组织提供稳定、有竞争力和具备可持续发展的人力资源基础。因此，组织应该重视人员录用，并投入足够的资源和精力来确保选择和发展最优秀的员工。

（三）人员录用的原则

第一，平等竞争原则。对通过人才选拔的合格人员应该采用竞争录用、择优录用的原则，不能人为地设定各种不平等的限制条件。

第二，因人任职原则。人员录用必须按照具体的岗位职责，根据工作需要来进行。同时，还要考虑每个人的个性差异及能力特点来安排相应的职位。

第三，工作能力优先原则。在合格人选各方面条件相当的情况下，以往的工作绩效和经验应是决策时重点考虑的因素，即工作能力优先原则。

第四，能职匹配原则。工作能力优先不代表能力越高越好。一般而言，任用一个知识、经验和技能水平远高于岗位要求的人员，并不是最好的选择，因为录用后他的要求过高，稳定性会变差。面对此类人员时，组织需要结合其工作动机和个性特质等因素判断是否录用该人员，做到"慎用"。

第五，工作动机优先原则。在合格人选工作各方面能力基本一致时，候选人对工作岗位的积极性是录用决策时需要着重考虑的因素。研究表明，员工的工作绩效取决于个体工作能力和工作积极性两个因素，在能力基本一致时，工作绩效主要取决于工作积极性的程度。

（四）人员录用的过程

在进行人员录用时，首先需要进行岗位需求分析。这一阶段的目标是明确组织对于特定岗位的要求，包括知识、技能、经验和素质等。通过对岗位职责和要求的分析，可以为后续的招聘和选拔提供明确的指导和依据。

招聘是人员录用的起始点，它是为了吸引符合组织需求的人才而进行的广泛宣传和推广活动。招聘渠道多种多样，包括在线招聘平台、人力资源咨询公司、招聘会和内部推荐等。在制定招聘策略时，组织需要考虑目标群体的特征和喜好，以及市场竞争情况。

招聘后的选拔过程是人员录用的关键环节之一。选拔的目标是从众多应聘者中筛选出最适合岗位要求的人才。选拔方法可以包括面试、测试、考核中心和背景调查等，这些方法旨在全面评估应聘者的能力、技能、潜力和适应性。

面试是选拔过程中最常用的方法之一，它可以通过与应聘者面对面的交流来评估其沟通能力、团队合作能力和解决问题的能力。同时，面试也是了解应聘者个人特质和职业动机的重要机会。

为了提高选拔的准确性和公正性，一些组织还采用了测试和考核中心的方法。这些测试可以包括认知能力测试、技能测试、性格测评和情景模拟等，通过客观的数据和情景模拟来评估应聘者的能力和适应性。在选拔之后，进行背景调查是确保录用决策的重要步骤。通过核实应聘者的教育背景、工作经历、职业资格和个人背景等信息，组织可以了解应聘者的真实情况，并评估其与组织价值观和职业道德的适合程度。

根据选拔结果和背景调查的综合评估，组织可以做出最终的录用决策。录用决策涉及制定薪酬待遇、签订合同以及提供入职培训等事宜。同时，对于未被录用的应聘者，组织也应该及时给予反馈，以保持组织形象和人才关系的良好。

总之，人力资源的人员录用是一个综合而复杂的过程，它需要组织在吸引、选择和评估人才方面进行科学的管理和决策。通过合理的招聘和选拔方法，组织可以招募到适合岗位要求的高素质人才，为组织的发展和成功奠定坚实的基础。

二、人员评估

人力资源的人员评估是一个重要的管理活动，旨在对员工的能力、素质、绩效和发展潜力进行评估。通过科学的评估方法，组织可以获取准确、客观和全面的评估结果，并据此制定相应的人力资源决策，促进员工的发展和组织的持续进步。

（一）人员评估的含义

人员评估的含义是对员工在工作中的表现和能力进行系统性评估和分析的过程。它旨在确定员工的工作成就、技能水平和潜力，并为组织提供有关员工绩效的重要信息。人员评估通常是由直接上级、同事或专业评估师等进行，使用各种评估工具和方法，如绩效评估表、360 度反馈和个人面谈等。

第一，人员评估对于组织来说是至关重要的。它能够帮助组织了解员工在工作中的表现情况，包括工作成果、工作态度和工作能力等方面。通过评估，组织可以识别出高绩效的员工，以便给予他们适当的奖励和晋升机会，同时也可以发现低绩效的员工，并采取必要的措施来改进他们的工作表现。

第二，人员评估有助于为员工提供个人成长和发展的机会。通过评估，员工可以了解自己的优势和改进的方向，进而制订个人发展计划。评估结果可以作为员工和上级之间的反馈工具，帮助员工了解自己在组织中的角色和职责，并提供改进的建议和指导。

此外，人员评估还可以促进组织的绩效管理和激励体系的建立。通过定期的评估，组织可以监测员工的绩效变化，并对绩效进行比较和分析。这样一来，组织可以识别出绩效较好的团队和个人，从而奖励他们并为其提供更多的发展机会。同时，评估结果也可以作为确定薪酬、晋升和培训需求的依据，为组织的人力资源管理提供科学的依据。

然而，人员评估也存在一些挑战和限制。评估结果可能受到主观因素的影响，如评估者的偏见和主观判断。此外，评估过程可能会引发员工之间的竞争和不公平感。为了解决这些问题，组织应该建立公正、透明和可信的评估机制，确保评估过程的客观性和准确性。

总之，人员评估是一项重要的组织管理工具，可以帮助组织了解员工的绩效和发展需求，促进员工个人成长和组织绩效的提升。尽管存在一些挑战，但通过建立科学有效的评估机制，组织可以最大限度地利用人员评估的价值，实现组织和员工的共同成功。

（二）人员评估的特点

人力资源的人员评估具有以下几个特点。

第一，客观性。人员评估应该基于客观的标准和指标，而不是主观的偏见或个人喜好。评估结果应该能够准确反映员工的能力、绩效和潜力，而不受主管或评估者的个人情感影响。

第二，综合性。人员评估应该综合考虑多个方面的因素，包括工作绩效、能力和技能、个人特质和适应性等。通过多个维度的评估，可以获得更全面和准确的员工画像，避免片面评价和偏差。

第三，有效性。人员评估应该能够有效地区分员工的表现和能力水平。评估结果应该能够提供有用的信息和洞察，以支持人力资源决策，如奖励、晋升、培训和绩效改进等。

第四，可操作性。人员评估应该提供具体的建议和改进方案，以帮助员工发展和提升绩效。评估结果应该能够指导员工和组织制订个人发展计划和人力资源策略，实现个人与组织的双赢。

第五，及时性。人员评估应该及时进行，以反映员工的最新表现和变化。及时的评估可以及早发现问题和潜在的发展机会，并采取相应的行动来调整和提升员工的绩效。

第六，公正性。人员评估应该公正、公平地对待每一位员工，不偏袒或歧视任何人。评估标准和程序应该明确、透明，并遵守法律和道德规范，确保员工在评估过程中获得公正对待。

第七，持续性。人员评估应该是一个持续的过程，而不仅仅是一次性的活动。定期的评估可以追踪员工的发展进展、绩效改善和潜力释放，从而实现员工与组织的共同成长。

这些特点共同构成了人力资源的人员评估的基本原则和要求。通过科学、客观、综合和有效的评估，组织可以更好地管理和发展其人力资源，提高组织绩效和竞争力。

（三）人员评估的作用

通过人员评估，组织可以了解员工的实际表现，为员工提供个性化的发展和培训计划，同时也为组织的人力资源决策提供决策依据。

人员评估的首要目标是评估员工的工作绩效。工作绩效评估旨在衡量员工在工作岗位上的表现和成果。评估可以包括定性和定量的指标，如任务完成情况、工作质量、创新能力和团队合作等。通过评估员工的绩效，组织可以识别出高绩效员工、低绩效员工以及有潜力的员工，并根据评估结果制订相应的奖励、晋升或培训计划。

除了工作绩效，人员评估还可以涵盖员工的能力和技能评估。通过对员工的能力和技能进行评估，组织可以了解员工的专业知识水平、技术技能和工作能力。这种评估可以通过员工自评、主管评估、同事评估和客户评估等多种方法进行，以获取全面和多维度的信息。基于能力和技能评估的结果，组织可以为员工提供相关的培训和发展机会，以提高其工作能力和适应能力。

此外，人员评估还可以包括员工的个性和领导力评估。个性评估旨在了解员工的个人特质、价值观和行为方式，以及其对组织文化的适应程度。领导力评估着重评估员工在领导和管理方面的能力和潜力。通过这些评估，组织可以识别出具有领导潜力的员工，并为他们提供相关的培养和晋升机会，以推动组织的领导力发展。

（四）人员评估的工具

人力资源的人员评估可以使用多种评估工具和方法。以下是一些常见的人员评估工具。

第一，个人面谈。通过与员工进行一对一的面谈，了解其工作表现、职业目标、发展需求等方面的信息。

第二，360 度反馈。通过向员工的上级、同事和下属以及其他相关人员收集匿名反馈，获取多个角度的评估意见。

第三，问卷调查。使用结构化的问卷来评估员工在不同方面的能力、技能和行为，如领导能力、沟通能力、团队合作等。

第四，行为观察。通过直接观察员工在工作环境中的表现，评估其工作技能、工作质量和团队合作等方面的能力。

第五，案例分析。根据员工在特定工作场景中的表现和决策，评估其问题解决能力、创新能力和分析能力等。

第六，能力测试。使用专门设计的测试来评估员工在特定领域或技能方面的能力，如语言能力、技术技能等。

第七，评估中心。组织员工参与一系列模拟工作任务、角色扮演、小组讨论等活动，通过观察和评估他们在这些活动中的表现，来评估其能力、领导力和解决问题的能力。

这些评估工具可以根据组织的需求和特定情况进行选择和组合，以获得准确、全面和客观的评估结果。

总之，上述评估工具是可以根据实际结合使用，以获取更准确和全面的评估结果。评估过程中的数据收集和分析可以通过信息系统和评估工具的支持来实现，从而提高评估的效率和准确性。

第三节　员工培训与开发

培训是指组织为员工提供目前工作所需的知识和技能所设计的活动，它是以满足当前工作需要为目的的一个短期过程。开发是指组织为提高员工的知识和技能所设计的活动，但它关注的是组织未来发展的需要，为的是能使员工与组织的发展保持同步，因此开发是一个长期的过程。"培训与开发是人力资源管理的基本职能之一，也是人力实现增值的重要途径。"[①] 员工培训与开发是指组织创造环境，使员工能够在这一环境中获得或学习特定的与工作要求密切相关的知识、技能、能力和态度或行为发生相对持久的变化。

---

① 李奕轩，周韵. 知识型员工的培训与开发研究——以某学校的员工培训与开发为例［J］. 企业改革与管理，2017（1）：65-66.

一、员工培训的内容与类型

（一）员工培训的内容

1. 员工的知识培训

员工的知识培训，又称知识学习或认知能力的学习，是指以业务知识为主要内容的培训，要求员工学习各种相关知识并运用所学知识，促进和改善所从事的工作。员工素质的主要组成部分是知识素质，与工作有关的各方面知识是员工培训的主要方面。其内容主要包括以下几个方面。

（1）人文社科方面的知识，主要包括经济学、心理学、社会学、伦理学与法律等知识。

（2）管理理论知识，主要包括管理学、市场学、战略管理、财务管理、生产管理、人力资源管理、组织行为学等方面的知识。

（3）本组织的相关知识，包括组织的发展战略、发展目标、经营方针、经营状况、规章制度、组织文化等总体情况。

其中，对不同培训对象和不同培训目标在培训内容上有所侧重，如管理人员应侧重培训决策、组织、领导、控制等管理知识，以及心理学、经济学和人力资源管理等业务知识。

2. 员工的技能培训

员工的技能培训是指以工作技术和工作能力为主要内容的培训。要求员工做好本职工作，员工必须具备一定的技能才有可能完成组织分配的任务，员工培训与开发是使员工掌握和不断提高技能的基本途径。这些技能主要有：判断与决策技能、创新技能、处理人际关系的技能即人际技能、计算机运用技能、基本的文秘技能、各项业务操作技能即技术技能等。组织对不同层次的员工的技能培训的侧重点应有所不同。对于高层管理人员应侧重于决策与创新技能的培训；对于中层和基层管理人员应侧重于人际技能和技术技能的培训；对于操作层人员应侧重于各种技术技能的培训。

3. 员工的态度培训

员工的态度培训主要涉及对员工的价值观、职业道德、行为规范、人际关系、工作满意度、工作参与、组织承诺、不同主体的利益关系处理，以及个人行为活动方式选择等内容和项目的培训与开发。员工的工作态度是影响员工士气及组织绩效的重要因素。一般而言，任何组织都有其特定的组织文化氛围以及与此相适应的行为方式，要想最大限度地提高组织绩效，必须使全体员工认同并自觉融入这一氛围之中。组织应通过态度培训，培养员工对组织文化的认同和对组织的忠诚心，建立起组织与员工间的相互信任关系。

以上三个方面的培训与开发的内容是相互联系的。态度培训是基石，如果没有正确的价值观、积极的工作态度和良好的思维习惯，就不能有学习知识与技能的内驱力。有积极态度的员工，即使暂时在知识和技能上存在不足，但他们会为实现目标而主动、有效地去学习和提升自我，从而最终成为组织所需的人才。因此态度培训是组织必须持之以恒进行的核心重点。知识培训是基础，是由态度到技能的必由之路。技能培训是核心，只有有了正确的态度与充分的知识，才能得到相应的技能。所以，培训主要以建立态度为突破口，这样才能激发员工正确而又强烈的动机，进而产生持久的行为，最终引发组织所期望的绩效。员工的培训与开发要取得良好的效果，必须讲求科学的方式与方法。

（二）员工培训的类型

1. 岗前培训、岗位培训和转岗培训

（1）岗前培训，又称新员工培训，是对组织新进员工在任职前的培训。其主要内容：①组织文化教育，包括组织总体目标、使命、组织的历史及发展现状、有关规章制度及政策、组织期望、工作内容、工作职责、工作关系等。②业务知识教育，使新员工掌握必要的业务知识和业务技能。岗前培训对于促进新员工尽快适应组织环境、进入角色有重要意义。

（2）岗位培训，是针对员工在某一工作岗位的需要进行的在岗培训。其内容主要包括：必要的理论知识、专业知识培训；员工业务能力的培养和训练，使其熟练地掌握操作技能。随着新技术的广泛应用，组织的岗位职责和要求会发生相应变化，员工的知识和技能只有不断更新才能适应这一客观要求，所以定期或不定期地进行岗位培训是十分必要的。

（3）转岗培训，是针对员工工作岗位调动及新岗位工作需要进行的培训。其主要内容包括：向转岗员工进行新岗位所必需的新知识、新技术和新能力的培训，使其能尽快地适应新的工作岗位需要。

2. 全脱产培训、半脱产培训和业余培训

根据受训者是否脱离工作岗位，可分为全脱产培训、半脱产培训和业余培训。全脱产培训是受训者在一段时期内完全脱离工作岗位，接受专门培训后，再继续工作。半脱产培训是受训者每天或每周抽出部分时间接受培训。业余培训是受训者完全利用业余时间接受

培训，而不影响正常生产或工作。

3. 管理人员、科技人员和操作人员培训

管理人员培训主要是针对管理人员（或准管理人员）进行的，目的是让管理人员掌握必要的管理技能，或学习新的管理知识和先进的管理技能，帮助管理人员建立正确的心态以利于更好地领导和管理下属。科技人员培训是为提高专业人员的综合素质，更大地发挥科技人员的潜能，从而更好地完成各项科技任务而进行的培训。操作人员培训主要是针对第一线员工进行的培训，目的是培养员工积极的心态，掌握正确做事的原则和方法，完成各项任务，从而提高工作效率。

二、员工培训与开发的作用与原则

（一）员工培训与开发的作用

随着经济的全球化、信息化和知识化，以及市场竞争的不断加剧，员工培训与开发日益重要，其主要表现在以下方面。

第一，员工培训与开发是提高其素质能力的主要手段。员工作为组织人力资源的载体是组织生存和发展的根本，其素质的高低，直接影响着组织的整体绩效。员工素质的高低是一个相对的概念，因为这与员工所掌握的知识技术直接相关。现代社会发展的一个重要趋势就是知识、技术的更新速度明显加快。只有通过各种形式的培训，才能提高其整体素质，使其知识、技能、工作态度和工作方法能适应工作岗位发展变化的更高要求。

第二，员工培训与开发是提高组织工作质量的重要措施。在具体的实际工作中，通过员工培训和开发，可以使员工明确自己的工作职责、任务和目标，提高自身的知识和技能，并具备与实现组织目标相适应的业务技能及人际交往、沟通协调、集体参与等其他能力。这样就可以有效地解决组织中的"人""事"矛盾，实现"人"与"事"的和谐发展；有效地提高员工的工作质量和工作效率；使员工适应在新的工作环境和业务流程下工作角色转变的需要，从而为整个组织工作质量的提高奠定坚实的人力基础。

第三，员工培训与开发是形成组织竞争优势的重要途径。随着科学技术的日新月异，市场竞争的日趋激烈和市场需求的日益复杂多变，任何一个组织如果不具备较强的综合素质或特有的核心专长，将难以获得竞争优势，很难在市场中立于不败之地。通过技术培训与开发，使组织的技术队伍知识、技术、观念不断更新，既是提高员工素质与能力，发现人才、快出人才、多出人才的重要途径，也为组织的经营与发展提供人员保障和人才储备，形成组织竞争优势的人力资源优势。

第四，员工培训与开发是员工自我发展的重要方面。现代管理强调组织在追求最佳效益的同时，也要满足员工个人的需要。员工因学历、背景、个性的不同而有不同的主导需要，但就大多数人而言，员工为组织工作的目标不能仅停留在满足低层次需要上，而且要实现自我成长和自我价值，且越是高层次的人才，这种需要就越强烈。如果组织能够满足员工的这种自尊、自我实现的需要，将激发出员工深刻而又持久的工作动力。培训与开发能给员工提供不断学习和掌握新知识、新技能的机会，使其能接受新的工作岗位所提出的挑战和任务，从而实现自我发展和自我价值。

（二）员工培训与开发的原则

为保证员工培训与开发不偏离组织的预定目标，必须制定培训与开发的基本指导原则。

第一，战略性原则。组织必须将员工的培训与开发放在战略的高度来认识。员工培训有些能立竿见影，很快会反映到员工工作绩效上；而有些培训可能在若干年后才能收到明显的效果，尤其是对管理人员的培训。有些组织缺乏战略性理念，只考虑当前利益，不考虑长远发展，把培训看成只见投入不见产出的"赔本"买卖，往往不重视员工培训，其结果是员工素质得不到提高，影响组织的发展。因此，组织必须树立战略观念，根据组织发展目标及战略制订培训规划，使培训与开发和组织的长远发展紧密结合，与组织战略相配备。

第二，学以致用原则。培训员工必须学以致用，讲求实效。如果培训与使用脱节，培训就失去目的，受训者也会失去动力。所以，培训应当有针对性，从实际工作需要出发，与职位特点紧密结合，与培训对象的年龄、知识结构、能力结构、思想状况紧密结合，有针对性地确定培训内容。也就是说，培训内容必须是组织绩效提高所必需的，不能为培训而培训，只图虚名或流于形式。为此，应根据人员的实际情况，制订出培训计划，使人员培训规划与组织规划相一致。

第三，知识、技能与工作态度兼顾原则。掌握必备的知识和技能，是员工取得好的绩效的前提，而知识与技能的提高与员工的工作态度密切相关。员工的工作态度端正，便会自觉地去学习知识、掌握技能。所以组织在进行员工培训时，切忌只重视知识和技能的培训，而忽略工作态度的培训，只有三者兼顾才能取得好的效果。现实中，态度培训主要是在对组织文化学习的过程中进行的，所以知识和技能的培训应与组织文化培训结合起来进行。

第四，全员培训与重点提高结合原则。全员培训就是有计划、有步骤地对在职的所有员工进行培训，这是提高全员素质的必由之路。但全员培训并不等于没有重点，在实行全员培训的同时，应重点培训一批技术骨干和管理骨干，特别是对组织的发展有重大影响的中高层管理人员和关键技术人员，以及年纪较轻、素质较好、有培养前途的管理和技术人员。

三、员工培训和开发的方法

要使员工培训更为有效，适当的培训方法是必要的。培训方法大致可分为三类：演示法、专家传授法和团队建设法。下面介绍各种培训方法及其优点和适应范围，为培训者提供设计和选择培训方法的建议。

（一）演示法

演示法是指将受训者作为信息的被动接受者的一些培训方法，主要包括传统的讲座法、远程学习法及视听法。

第一，讲座法。讲座法是指培训者用语言表达其传授给受训者的内容，这是员工培训中最普遍的方法。讲座法的成本最低、最节省时间；有利于系统地讲解和接受知识，易于掌握和控制培训进度；有利于更深入地理解难度大的内容；而且可同时对许多人进行教育培训。

第二，远程学习法。远程学习法通常被一些地域上较为分散的企业用来向员工提供关于新产品企业政策或程序、技能培训以及专家讲座等方面的信息。远程学习包括电话会议、电视会议、电子文件会议以及利用个人电脑进行培训。

第三，视听法。视听法是利用幻灯片、电影、录像、录音等视听教材进行培训。录像是最常用的培训方法之一，被广泛运用在提高员工沟通技能、面谈技能、客户服务技能等方面。

（二）专家传授法

专家传授法是一种要求受训者积极参与学习的培训方法。这种方法有利于开发受训者的特定技能，并将理解技能和行为应用于工作当中，使受训者亲身经历一次工作任务完成的全过程。下面分别介绍几种主要的方法。

1. 在职培训

在职培训是指新员工或没有经验的员工通过观察并效仿同事及管理人员执行工作时的行为而进行的学习。在职培训在材料、培训人员工资或指导上投入的时间或资金相对较少，因此是一种很受欢迎的方法。在职培训的方法多种多样，主要有学徒制与自我指导培训法两种。

（1）学徒制。学徒制是一种既有在职培训又有课堂培训，且兼顾工作与学习的培训方法。该方法是选择一名有经验的员工对受训者进行关键行为的示范、实践、反馈和强化，以达到培训的目的，这些受训者被称为"学徒"。一些技能行业，如管道维修业、电工行业、砖瓦匠业等企业多采用"师带徒"的方法。

（2）自我指导培训法。自我指导培训法指受训者不需要指导者，而是按自己的进度学习预定的培训内容，即员工自己全权负责的学习方法。培训者不控制或指导学习过程，只负责评价受训者的学习情况及解答其所提出的问题。

2. 角色扮演

角色扮演通过设定一个最接近现状的培训环境，指定受训者所扮演的角色，借助角色的演练来理解角色的内容，从而提高积极地面对现实和解决问题的能力。角色扮演有助于训练基本技能，有利于培养工作中所需素质和技能，有利于受训者态度、仪容和言谈举止的改善与提高。

3. 商业游戏

商业游戏是指受训者在一些仿照商业竞争规则的情景下收集信息并将其进行分析、做出决策的过程，它主要用于管理技能开发的培训中。参与者在游戏中所做决策的类型涉及各个方面的管理活动，包括劳工关系（如集体谈判合同的达成）、市场营销（如新产品的定价）、财务预算（如购买新技术所需的资金筹集）等。

4. 个案研究

个案研究通过将实际发生过或正在发生的客观存在的真实情况，用一定视听媒介，如文字、录音、录像等方式描述出来，让受训者进行分析思考，学会诊断和解决问题以及决策。它特别适用于开发高级智力技能，如分析、综合及评价能力。

5. 互联网培训

互联网是一种被广泛使用的通信工具，既是一种快速廉价收发信息的方法，也是一种获取和分配资源的方式。

（三）团队建设法

团队建设法是用以提高团队或群体成员的技能和团队有效性的培训方法，它注重团队技能的提高以保证进行有效的团队合作。这种培训包括对团队功能的感受、知觉、信念的检验与讨论，并制订计划以将培训中所学内容应用于工作当中的团队绩效上。团队建设法包括团队培训和行动学习两种。

1. 团队培训

团队培训是通过协调在一起工作的不同个人的绩效从而实现共同目标的方法。团队培训方法多种多样，可以利用讲座或音像向受训者传授沟通技能，也可通过角色扮演或仿真模拟给受训者提供讲座中强调的沟通技能的实践机会。团队培训的主要内容是知识、态度和行为。团队行为是指团队成员必须采取可以让他们进行沟通、协调、适应且能完成任务以实现其目标的行动。

2. 行动学习

行动学习即给团队或工作群体一个实际工作中所面临的问题，让团队队员合作解决并制订出行动计划，再由他们负责实施该计划的培训方式。一般来说，行动学习由 6~30 名员工组成，其中包括顾客和经销商。团队构成有许多构成形式：①将一位要解决问题的顾客吸引到团队中；②群体中包括牵涉同一个问题的各个部门的代表；③群体中的成员来自多个职能部门又都有各自的问题，并且每个人都希望解决各自的问题。

以上介绍的各种方法适应范围、培训效果等均有所不同，作为管理者或培训者，在实际工作中如何选择正确的、有效的培训方法显得至关重要。

四、培训和开发效果评估

（一）培训和开发效果评估的意义

培训和开发效果评估是指针对特定的培训开发计划，系统地收集资料，并给予适当的评价，以作为筛选、采用或修改培训开发计划等决策判断的基础。

培训和开发效果评估是一个收集培训成果以衡量培训是否有效的过程，包括事前评估与事后评估。事前评估是指改进培训过程的评估，即获得定性数据，如对培训计划的看法、信任和感觉等信息，如何使计划更理想的信息。事后评估指用以衡量受训者参加培训计划后的改变程度的评估，即受训者是否掌握了培训目标中确定的知识、技能、态度、行为方式或是其他成果。事后评估还包括对组织从计划中获取的货币收益（也称作投资回报）的测量。事后评估通常应用测试、行为打分或绩效的客观评价标准，如销售额、事故发生次数等。

（二）培训和开发效果评估的方法

培训和开发效果评估量化是一项十分复杂的工程。通过对培训效果的具体测定与量比，可以了解员工培训所产生的收益，把握组织的投资回报率；也可以对组织的培训决策及培训工作的改善提供依据，从而更好地进行员工培训与开发。

员工培训的成本收益分析方法，即通过财务会计方法决定培训项目的经济收益的过程。要确定培训的经济收益就是要确定培训的成本和收益。

1. 确定成本

培训成本包括直接成本与间接成本。可根据组织员工培训系统模型，对培训的不同阶段（培训项目设计、实施、需求分析、开发和评价）所需的设备、设施、人员和材料的成本进行核算。这种方法有助于比较不同培训项目成本的总体差异；还可以将培训不同阶段所发生的成本用于项目间的比较。另外可用会计方法计算成本。

2. 确定收益

组织应分析培训的原因，如培训是为了降低生产成本或额外成本等。有许多方法可以确定收益：①运用技术、研究及实践与特定培训计划有关的收益。②在组织大规模投入资源前，通过实验性培训评价一部分受训者所获得的收益；还可以通过对成功的工作者的观察，确定其与不成功工作者绩效的差别。

成本—收益分析还有其他的方法。如效用分析法，即根据受训者与未受培训者之间的工作绩效差异、受训者人数、培训项目对绩效影响的时间段，以及未受培训者绩效的变化来确定培训的价值。这种方法须利用培训前测与后测方案。还有一种是经济分析，即对培训为组织或政府带来的经济效益而进行的评价。主要通过计算直接和间接成本、政府对培训的奖励津贴、培训后受训者工资的提高、税率和折扣率进行评价。

第四章　人力资源的绩效与薪酬管理

第一节　绩效管理与考核方法

一、绩效管理

绩效管理①是基于绩效来进行的，绩效是指员工在工作过程中表现出来的与组织目标相关的并且能够被评价的工作业绩、工作能力和工作态度，其中工作业绩是指工作的结果，工作能力和工作态度是指工作的行为。

（一）绩效的含义与特征

1. 绩效的含义

正确理解绩效的含义，应当把握以下几点。

（1）绩效是基于员工在组织中的工作而产生的，与员工的工作过程联系在一起，员工工作之外的行为和结果不属于绩效的范畴。

（2）绩效与组织目标相关，对组织目标有直接的影响与作用。由于组织的目标最终都会体现在各个职位上，绩效与组织目标的相关性就直接表现为职位的职责与目标的相关性。

（3）绩效应当是表现出来的工作行为和工作结果，没有表现出来的就不是绩效。这一点与员工招聘甄选时的评价是不同的，甄选时评价的重点是可能性，也就是说要评价员工能否做出绩效，而绩效管理中评价的重点是现实性，就是说要评价员工是否做出了绩效。

（4）绩效既包括工作结果也包括工作行为。工作结果与组织的战略目标关系密切，但过分强调结果会忽视过程，导致短期行为，并且有些工作结果并不一定是个体行为所致，

---

① 绩效管理是指制定员工的绩效目标并收集与绩效有关的信息，定期对员工的绩效目标完成情况做出评价和反馈，以确保员工的工作活动和工作结果与组织保持一致，从而保证组织目标完成的管理活动与过程。

可能会受到其他因素的影响。应将绩效看作结果与过程的综合体。

2. 绩效的特征

（1）多因性。员工绩效的高低是受多种因素共同影响的，既有员工个体的因素，如知识、技能、态度等；也有组织环境的因素，如组织的制度、激励机制、工作的设备和场所，以及市场因素等。

（2）多维性。员工的绩效往往表现在多个方面，既包括工作结果，也包括工作行为。因此，绩效考核必须从多方面进行。当然，不同维度在整体绩效中所占的权重不同。

（3）动态性。员工的绩效并不是固定不变的，随着主客观环境和条件的变化，绩效也随之而变动。这种动态性决定了绩效的时限性，绩效是针对某一特定的时期而言的，因此，在考评员工的绩效时，切忌主观僵化，而应该从动态的角度看待员工的绩效。

二、绩效管理的作用

绩效管理对员工个人与组织的发展具有重要作用，主要表现为以下方面。

第一，绩效管理有助于提升组织的绩效。组织绩效是以员工个人绩效为基础而形成的，员工工作的好坏、绩效的高低直接影响组织整体绩效；组织通过绩效管理，改善员工的工作能力、工作态度与工作业绩，从而提高员工的工作绩效，进而促进组织绩效的提高。

第二，绩效管理有利于促进员工的自我发展。通过绩效管理，员工对自己的工作目标确定了效价，也了解到自己取得一定的绩效后会得到什么样的奖励，他就会努力提高自己的期望值，并不断地进行自我更新，比如学习新知识、新技能，以提高自己胜任工作的能力，改善自己的工作态度，取得理想的绩效，使个人得到进步和发展。

第三，有助于减少人员之间的冲突。绩效管理可以使员工明确自己的工作任务和目标，减少员工之间、员工与管理者之间因职责不明而产生的误解。绩效管理的目的是帮助员工改进业绩，鼓励员工自我评价及交流对绩效的看法，帮助员工找出错误和低效率的原因及改进措施，并不局限于上级评判员工，因而管理者和员工之间冲突减少，会更加积极合作。

第四，绩效管理有助于提高员工的满意度。绩效管理可从两个方面提高员工的满意度：①通过有效的绩效管理，员工不仅可以参与到管理过程中，还可得到绩效的反馈信息，这能够使员工感到自己在组织中受到重视。②通过有效的绩效管理，员工的工作业绩能够不断地得到改善，这可以提高员工的成就感。

第五，促进人力资源管理的其他相关决策。人力资源规划可借助绩效管理，对员工目前的知识和技能水平做出准确的评价，有利于人力资源质量方面的预测，这可以为人力资源供给和需求质量的预测提供有效的信息；通过绩效管理，能够对不同招聘渠道和甄选方式的质量做出比较，从而实现对招聘的优化；绩效管理可以帮助确定有针对性的培训需求；准确的绩效评价使员工的薪酬和绩效挂钩，有助于实现薪酬的内部公平。

三、绩效管理的内容

绩效管理的内容包括绩效计划、绩效跟进、绩效考核、绩效反馈与绩效考核结果的运用。

第一，绩效计划。绩效计划是整个绩效管理系统的起点，是指在绩效周期开始时，由上级和员工一起就绩效周期内的绩效目标、绩效过程等进行讨论并达成一致。绩效计划是对整个绩效管理过程的指导和规划，应随外部环境和组织战略的变化及时调整。绩效指标体系包括：①绩效指标。绩效指标是指组织对工作产出进行衡量或评估的方面。②绩效标准。绩效标准是指在各个指标上应该分别达到什么样的水平。在设定了绩效指标之后，就要确定绩效指标达成的标准，绩效标准的确定有助于保证绩效考核的公正性。

第二，绩效跟进。绩效跟进，也称绩效监控，是指在整个绩效周期内，通过上级和员工之间的沟通来预防或解决员工实现绩效时可能发生的各种问题的过程。在整个绩效周期内，管理者采用恰当的领导风格，积极指导下属工作，与下属进行绩效沟通，辅导与咨询，收集绩效信息等。

第三，绩效考核。绩效考核是对员工工作表现进行全面评估的过程。这通常涉及对工作目标的达成程度、工作质量、团队合作、个人能力和行为等方面的评估。绩效考核可以采用多种评估方法，如定期评估、360度评估、目标达成评估等，以获取全面、客观的评价结果。

第四，绩效反馈。绩效反馈是向员工提供关于他们工作表现的具体反馈和评价的过程。管理者应准备充分、具体的反馈，强调成绩和改进的机会，并与员工一起讨论发展计划和个人目标。积极的绩效反馈可以激励员工，帮助他们改进和成长。

第五，绩效考核结果的运用。绩效考核结果应用于各种人力资源管理决策和流程。这包括薪酬调整、晋升和晋级、培训和发展计划、绩效改进计划等。通过将绩效考核结果与组织的奖励和发展机制相结合，可以激励和激发员工的工作动力和表现。绩效管理是一个连续的循环过程，通过设定目标、跟进进展、评估绩效和提供反馈，不断促进员工的发展和组织的整体绩效提升。它在帮助组织实现目标、提高工作效能和发展人才方面起到重要的作用。

四、绩效考核的内容与方法

绩效考核，也称绩效考评，是指在绩效周期结束时，选择相应的考核内容和考核方法，收集相关的信息，对员工完成绩效目标的情况做出评价。为确保绩效考核结果的公正性、客观性和科学性，在绩效考核中应注意一些关键点。

（一）绩效考核的内容

在具体的绩效考核中，由于绩效考核目的的不同，绩效考核的内容及侧重点亦有所不同。绩效考核的内容通常包括三部分：工作能力、工作态度和工作业绩。其中主要是工作业绩，工作业绩不等于工作能力和工作态度，但在一定程度上体现了员工的工作能力和工作态度。

1. 工作能力

工作能力考核是对员工从事工作的能力进行的考核。员工的能力包括基础能力、业务能力和素质能力三个方面。其中基础能力和业务能力属于能力考核的范围，素质能力主要通过适应性考查来评价。在实践中，工作能力主要通过技术等级、职称等来体现。在对员工的能力进行考核时需要注意的是，由于员工的能力是"内在的"，很难加以量化，因此，通常要通过对员工的业绩这一外显的标准来间接地考查员工的能力。

2. 工作态度

在实际工作中，员工个人能力越强并不意味着其工作业绩就越好。员工的绩效考核还要考核员工的工作态度。工作态度包括工作积极性、工作热情、责任感、自我开发等。由于这些因素较为抽象，因此工作态度通常主要通过主观性评价来考核。

3. 工作业绩

工作业绩，是对员工的直接工作结果进行的评价，可以直观地说明员工工作完成的情况，更重要的是，工作业绩可以作为一种信号或依据，提示员工可能存在的需要提高改进的方面。一般而言，可从数量、质量和效率三个方面来衡量员工的业绩。但是，不同类型工作的业绩体现也有不同，例如，销售人员和办公室人员的业绩就不能用同一套指标和标准来衡量。所以，要针对不同的岗位设计合理的考核指标体系，做到科学、有效地对员工的业绩进行衡量。另外，尽可能选择可以量化的指标来考核业绩，对于不能量化的方面，也要建立统一的标准，尽可能客观。

目前我国许多组织从德、能、勤、绩四个方面的内容来考核员工。德是指思想道德，主要指是否遵纪守法、工作态度等；能是指工作能力，包括工作所需的知识、经验和技能；勤是指出勤情况，包括是否准时上下班、是否有旷工、上班时间是否认真工作等；绩是指工作业绩，即工作的直接结果。可以看出，德和勤相当于工作态度。

（二）绩效考核的常用方法

1. 相对考核法

（1）排序法。排序法是绩效考核中较简单易行的一种综合比较方法。它通常是由上级主管根据员工工作的整体表现，按优劣顺序依次进行排列。这种方法的优点是：简单易行，花费时间少。在一定范围内可将排序法的考核结果，作为薪资奖金或一般性人事变动的依据。

（2）配对比较法。配对比较法，也称成对比较法、两两比较法，是将每一位员工与所有其他员工一一配对，分别进行比较。根据配对比较的结果，排列出他们的绩效名次，而不是把各被评价者笼统排队。这种方法使排序法变得更加有效。其基本程序是：①列出表格，标明所有参加考核的员工姓名以及需要考核的所有工作要素。②将所有员工根据同一类要素进行配对比较，并用"+"（好）和"–"（差）标明。③将每一位员工得到"+"的次数相加，得到"+"最多者为优胜者。④再根据下一个考核要素进行两两比较，得出本要素被考核者所得的"+"数。以此类推，经过汇总整理，最后得出每个被考核者所有考核要素所得"+"的总数或平均数，并按"+"的总数或平均数从多到少对被考核者进行排序。

（3）强制分布法。强制分布法，又称强迫分布法、硬性分布法。强制分布法就是按照一定的百分比，将被考核的员工强制分配到各个类别中。强制分布法的优点是：可以避免考核者过宽或过严倾向，克服平均主义。

2. 绝对考核法

最常用的绝对考核法是评级量表法。这种方法是指将绩效考核的指标和标准制作成量表，依次对员工的业绩进行考核。将需要考核的绩效指标在表中列出，并将每个指标的标准区分成不同的等级，每个等级都对应一个分数。考核主体按照员工的表现，给每个指标选择一个等级，汇总所有等级所对应的分数，就可以得出员工的考核结果。

3. 品质导向型方法

品质导向型方法，采用特征性效标，以考核员工的潜质为主，如工作态度、心理品质、能力素质等，着眼于"这个人怎么样"。由于品质导向型方法需要使用如忠诚度、可靠性、主动性、自信心、合作精神等定性的形容词，所以很难具体掌握，并且考核操作性及其信度和效度较差。

4. 行为导向型方法

行为导向型方法，采用行为性效标，以考核员工的工作行为和工作方式为主，着眼于"干什么"或"如何去干"。考核标准较容易确定，操作性较强。适用于管理性、事务性工作的考核，特别是对人际接触和交往频繁的工作岗位尤为重要。例如商业大厦的售货员，应保持愉悦的笑容和友善的态度，因为其日常工作行为对公司的影响很大。

行为导向型方法主要包括：关键事件法、行为锚定等级评定法、行为观察法。

（1）关键事件法。关键事件法也称重要事件法。在某些工作领域内，员工在完成工作任务过程中，有效的工作行为导致了成功，无效的工作行为导致了失败。关键事件法的设计者将这些有效或无效的工作行为称为"关键事件"，考核者要观察和记录这些关键事件，因为它们通常描述了员工的工作行为及背景条件。这样，在评定一个员工的工作行为时，就可以利用关键事件作为考核的指标和衡量的尺度。

关键事件法考核的内容是员工特定的行为，而非品质或个人特征（如忠诚性、可靠性、亲和力、果断性等），所以做到对事不对人，以事实为依据。考核者不仅要注重对行为本身的评价，还要考虑行为的情景，可以用来向员工提供明确的信息，使员工知道自己在哪些方面做得比较好，而又在哪些方面做得不好。本方法可以有效弥补其他方法的不足，为其他考核方法提供依据和参考。其优点：为考核者提供客观的事实依据；考核的内容贯穿整个绩效周期；以事实为依据，保存动态的关键事件记录，可以了解下属是如何消除不良绩效，从而改进和提高绩效的。

（2）行为锚定等级评定法。行为锚定等级评定法也称行为定位法、行为决定性等级量表法或行为定位等级法。这一方法是关键事件法的进一步拓展和应用，它将关键事件和等级评价有效地结合在一起，通过行为等级评价表，反映同一个绩效维度中存在的一系列行为，每种行为分别表示这一维度中的一种特定绩效水平，将绩效按等级量化，可以使考核结果更有效、更公平。

行为锚定等级评定法的具体工作步骤是：①进行岗位分析，获取本岗位的关键事件，由主管人员做出明确简洁的描述。②建立绩效评价等级，一般为5~9级，将关键事件归并为若干绩效要素并给出定义。③由专家将关键事件重新分配，将它们归入合适的绩效要素中，如果大部分人（80%或以上）分配给同一要素的关键事件与主管分配的相同，该关键事件的位置将被确定下来。④由另一组专家审核考核要素及指标等级划分的正确性。⑤建立行为锚定等级评价体系。

（3）行为观察法。行为观察法是在关键事件法的基础上发展而来的，与行为锚定等级评定法大体接近，只是在量表的结构上有所不同。本方法是确认某种行为出现的概率，它要求评定者根据某一工作行为发生的频率或次数的多少来对被评定者打分。行为观察法克服了关键事件法不能量化、不可比，以及不能区分工作行为重要性的缺点，但完全从行为发生的频率考核员工，可能导致考核者和员工双方忽视行为过程的结果。

5. 结果导向型方法

结果导向型方法采用结果性效标，以考核员工的工作效果为主，着眼于"干出了什么"。重点考核员工的产出或贡献，即工作业绩。考核的标准容易确定，操作性强。适用于生产性、操作性，以及工作成果可以计量的岗位。结果导向型方法主要有以下几种。

（1）目标管理法。目标管理法是由员工和主管协商制定个人目标，个人目标依据组织的战略目标及相应的部门目标而确定，并与其尽可能一致。该方法用可观察、可计量的工作结果作为衡量员工工作绩效的标准，以制定的目标作为对员工考核的依据，从而使员工个人的努力目标与组织目标保持一致，减少管理者将精力放到与组织目标无关的工作上的可能性。

目标管理法的评价标准直接反映员工的工作内容，结果易于观测，所以很少出现评价失误现象，也适合对员工提供建议，进行反馈和辅导。目标管理是员工共同参与的过程，可以提高员工工作的积极性。但目标管理法不能在不同部门、不同员工之间设立统一目标，因此难以对员工和不同部门间的工作绩效做横向比较，无法为以后的晋升决策提供依据。

（2）绩效标准法。绩效标准法与目标管理法基本接近，它采用更直接、更具体的工作绩效衡量指标及标准，各绩效标准要有时间、数量、质量方面的约束与限制，还要确定各标准的重要性及其权重，要规定完成标准的先后顺序。考核者考核时依照绩效标准逐一考核，并加权汇总得出总分。通常适用于非管理岗位的员工。

绩效标准法为员工提供了清晰准确的努力方向，对员工具有更加明确的导向和激励作用。有的员工在某方面的突出业绩与另一方面的较差表现有共生性，采用这种方法可以克服此类问题，从而能对员工做出全面的评价。这种方法的局限性在于需要占用较多的人力、物力与财力，需要较高的管理成本。

（3）直接指标法。该方法采用可监测、可核实的指标构成若干考核因素。与目标管理法的区别在于事先未必有一个目标，衡量结果是具体的数字，而非是否达成某个特定目标。例如，对于非管理人员，可以衡量其工作数量、质量等。工作数量的衡量指标有产量、销售量、营业额等。工作质量的衡量指标有顾客不满意率、废品率、产品包装缺损率、顾客投诉率、不合格返修率等。对管理人员可以通过其下属的表现来评定，如员工流失率、缺勤率等。

直接指标法简单易行，能节省人力、物力和管理成本，运用本方法时，需要加强组织的基础管理，建立、健全各种原始记录，特别是一线人员的统计工作。

（4）成绩记录法。这是新开发出来的一种方法，适用于从事科研、教学工作的人员，如大学教师、研究员、律师等。因为他们每天的工作内容是不同的，无法用完全固化的指标进行考核；而且本方法需要从外部请来专家参与评估，因此，人力、物力耗费较高，耗费时间也长。

成绩记录法的步骤是：首先被考核者把与自己工作职责有关的成绩写在一张成绩记录表上，再由主管验证成绩的真实准确性，最后由专家评估这些资料，决定个人绩效的大小。

总之，要实现绩效考核的预期目标，在实际应用中要做到：思想上提高考核者与被考核者的认知度；加强考核者对绩效考核方法的理解度；在绩效考核的评价指标和标准上，提高其精确度；在绩效考核的全过程中，强化组织成员对事前、事中和事后的关注度。

第二节　薪酬的构成及其形式

薪酬是员工的劳动报酬，同时也是一种有效的激励方式。人力资源管理的重要任务就是建立科学的薪酬体系和有效的薪酬管理，进行合理的薪酬分配，以保障员工的物质利益，吸引和稳定员工，激发员工的工作积极性与创造力。

一、薪酬的构成

"薪"指薪水、薪金，所有可用货币和物质来衡量的个人回报都可以称为薪，如工资、奖金等。"酬"指报酬、酬谢，主要指用人单位给予员工的各种非货币形式的回报。薪酬是劳动力价格的转化形式，是用人单位使用劳动力的成本，其实质是用人单位与员工之间一种交换关系的体现，员工为用人单位付出劳动、努力、时间、技能、经验等，用人单位应给予员工相应的薪酬。

薪酬的构成包括经济性薪酬和非经济性薪酬。

第一，经济性薪酬。经济性薪酬可分为直接经济性薪酬和间接经济性薪酬。①直接经济性薪酬是用人单位按照一定的标准以货币形式向员工支付的薪酬，包括工资、奖金、物质奖励、津贴、红利等。②间接经济性薪酬不直接以货币形式发放给员工，但通常有利于员工生活或能减少员工额外的开支，如养老保险、工作餐、医疗保险、住房公积金等。

经济性薪酬大致可归纳为三大部分：①基本薪酬。基本薪酬是根据员工的职位、技能或所承担的工作向员工支付的报酬。工资、津贴等是基本薪酬，具有一定的保障性和稳定性。②绩效性薪酬。绩效性薪酬是对员工超额劳动或工作绩效所支付的奖励性报酬，奖金、物质奖励、红利等属绩效性薪酬；绩效性薪酬的多少与劳动成果有直接联系，具有高差异性和低稳定性的特点。③福利性薪酬。福利性薪酬具有一定的保障性和均等性，这部分薪酬通常不与员工的劳动能力和提供的劳动相关。在薪酬的各种形式中，工资与奖金是主要部分，它能较全面地实现薪酬的各项职能，对促使员工完成工作任务、提高绩效具有重要作用。

第二，非经济性薪酬。非经济性薪酬是指无法用货币来衡量，但能给员工带来"好处"或心理愉悦效应的一些要素，如满意的工作、学习的机会、舒适的工作环境、实现个人价值等。

二、薪酬的形式

薪酬的形式繁多，其主要形式有工资、奖金、津贴和利润分享与股权等。

（一）工资

工资是用人单位根据劳动者提供的劳动数量和质量，按照法律规定或劳动合同约定，以货币形式直接支付给劳动者的报酬。工资是劳动报酬的基本形式，它的支付是基于劳动合同。工资是劳动者收入的主体部分，也是确定其他报酬和福利待遇的基础。

1. 工资的特征

工资作为基本薪酬，具有以下特征：①常规性。工资是劳动者在法定工作时间内和正常条件下所完成的工作的报酬，在正常情况下，员工都能得到基本工资。②相对稳定性。工资在一定时期内相对稳定，不像奖金，时有时无，时多时少。③基准性。工资水平有规定的基本标准，这个标准往往是其他薪酬形式的计算基准。④工资刚性。工资刚性指一般情况下工资能升不能降。由于工资主要用于维持员工的基本生活，其下降对员工负面影响极大，不仅影响员工的基本生活，而且使员工心理上难以接受。

2. 工资的形式

工资的形式多种多样，但计时工资与计件工资是工资的最基本形式。其他各种各样的工资形式都是在计时工资与计件工资基础上的转化形式。

（1）计时工资。计时工资是用人单位根据员工的工资标准和劳动时间计算工资额的一种形式。它是以劳动时间来衡量劳动量，并以此计算员工的工资额。计时工资有小时工资制、日工资制和月工资制。计时工资的主要优点是计算方便简单，工资成本便于计算，员工的工资收入相对稳定。

计时工资更适用于以下几种情况。

第一，当产品质量的优劣比产品产量的高低显得更为重要时，应采用计时工资，这有利于员工重视产品或工作的质量，而不是单纯追求产品或工作的数量。

第二，工作成果不便于计量的工作，适合计时工资。如技术人员、管理人员和服务人员等。

第三，按岗位定员的人员，更适合于计时工资，如保安人员、管理人员、财务人员等。

第四，产品、经营项目和生产条件多变的企业，自动化水平较高、产品需经多道工序才能完成、不宜单独计算个人劳动成果的行业和岗位。

用人单位在实行计时工资时，需要重视以下两个方面：①加强劳动定额，强化岗位责任制，对员工的工作职责、劳动定额、工作质量必须做出尽可能具体明确的规定，以克服计时工资出勤不出力的缺陷。②在实行计时工资的基础上，建立和完善考核和奖励制度，以弥补计时工资的不足。根据考核结果，奖优罚劣、奖勤罚懒。

（2）计件工资。计件工资是指根据员工生产合格产品的数量或工作数量，按照预先规定的计件单价来计算员工报酬的工资形式。计件工资的具体形式包括：①个人计件工资，适用于个人能单独操作而且能够制定个人劳动定额的工作。②集体计件工资，适用于工作需集体完成，不能直接计算个人完成产品数量的工作。③有限计件工资，对实行计件工资的人员规定其超额工资不得超过一定的幅度。④无限计件工资，对实行计件工资人员的超额工资不加限制。⑤累进计件工资，员工完成工作定额部分按同一计件单价计算工资，超过定额的部分按累进递增的单价计算工资。

计件工资是用劳动成果来计算劳动报酬，其显著特点是将劳动报酬与劳动成果直接紧密地联系在一起，使不同员工的劳动差别在劳动报酬上得到合理反映。因此，计件工资更能体现按劳分配原则，具有很强的物质激励作用，可激励员工从物质利益上关心自己的劳动成果，不断提高技术水平与劳动熟练程度，提高工时利用率和劳动生产率。计件工资的缺陷是，可能出现片面追求产品和工作的数量，而忽视质量的情况。

实行计件工资，必须注意这几个问题：①实行计件工资，要特别重视产品（工作）的质量，制定规范的质量标准。②必须加强生产管理，完善生产记录、计量制度，健全产品（工作）的质量检验。③制定合理的劳动定额和物质消耗定额，有效地控制产品成本。④制定合理的计件单价，防止计件单价不合理而影响计件工资的合理性，并引起产品中的工资成本上升。

3. 基本工资制度

（1）年资工资制。年资工资制是一种在工资中重视员工的工作年限和资历因素的工资制度。我国传统的工资制度和日本的年资工资制属于这种类型。年资工资制的优点是：有利于员工的稳定，培养员工对组织的忠诚感，减少员工的流失；有利于员工的培训，而不必担心人员的流失引起培训费用的损失。

（2）岗位工资制。岗位工资制指按员工所在的不同岗位规定劳动报酬的一种基本工资制度。岗位工资制是按岗位所要求的技术复杂性、劳动熟练性、工作责任心的不同，对岗位而不是对人规定工资标准。岗位工资制较适用于专业化程度较高、分工较细、同一岗位技术差别不大的人员，或工作对象较为固定、工作内容相对稳定的岗位，如纺织运转工、冶炼工等一线生产人员。实行岗位工资制，必须对各个岗位制定明确的岗位职责、技术要求和操作规程，并据此对员工进行考核，根据岗位工作状况支付工资。岗位工资制一般实行"一岗一薪、薪随岗变"，但也可以根据员工的不同情况实行"一岗多薪、略有差别"。

（3）职务（等级）工资制。职务（等级）工资制指按照员工所任职务并区分等级确定劳动报酬的一种工资制度。这种工资制度的特点是职务要素在工资中占主要地位，工资标准的等级差别，是根据职务高低、工作责任大小和业务能力等因素综合估量后确定；实行一职数级、上下职务间有一定交叉。每个人员都只能在本职务的工资等级区间内提升工资，只有晋升职务才能进入高一级职务的工资等级区间。职务等级工资制适用于机关、事业单位中的工作人员以及企业中的工程技术人员和管理人员。

职务（等级）工资制的优点是：能较好地实现同劳同酬，工资是根据职务来确定，并不考虑担任这个职务的是什么人，可使工资的确定只对职务不对人，工资确定的客观性较强。

（4）岗位技能工资制。岗位技能工资是对员工的劳动技能、劳动强度、劳动责任等要素进行全面测评的基础上，按员工的实际岗位及技能水平来确定工资。岗位技能工资制是岗位工资与技能工资的结合，员工的工资既考虑岗位因素，又考虑员工的技能。其中岗位工资是按劳动强度、工作责任和劳动条件对岗位分级规定工资，员工进入什么岗位，就拿什么岗位工资。技能工资是按考核员工所达到的劳动技能等级所确定的工资。岗位技能工资的适应面较广，既适用于企业的技术工和熟练工，也适用于管理人员和技术人员；具有测评全面、"一制通用"的长处。

（5）结构工资制。结构工资也称组合工资或多元化工资。结构工资制根据决定工资的不同要素，将工资划分为几个部分，不同部分衡量的标准不一，通过对各部分工资数额的合理确定，构成员工的全部工资。结构工资的组成包括：①基础工资。基础工资主要用于保障员工的基本生活需要。②岗位（职务）工资。体现员工工作岗位（职务）情况，主要适用于职能部门员工。③技能工资。反映员工的业务和技术能力，主要适用于生产、技术人员。④绩效工资。即奖励性报酬，主要体现员工的工作业绩与劳动成果。⑤工龄工资。主要体现员工的劳动积累、共享组织或社会经济的发展成果。通常情况下，结构工资＝基础工资+岗位（职务）工资或技能工资+工龄津贴+绩效工资。结构工资制的优点是：综合考虑员工工作中的各种因素，工资的各个组成部分分别计酬，较好地体现工资的不同职能，应用范围较广。

（6）绩效工资制。绩效工资制是以员工个人或团队的业绩为付酬依据的工资制度，其核心是工资与工作业绩挂钩。绩效工资制的优点是：工资与绩效挂钩，促进个人绩效和组织绩效的提升；根据绩效付酬，有助于实现薪酬的内部公平；有利于提高效率，降低人工成本。实行绩效工资，其计量基础是员工的工作业绩。因此，建立公平合理的绩效评价系统是关键，评价绩效的标准要科学、具体、明确，绩效的评估要客观、公正。

（7）年薪制。年薪制是以年度为单位，依据组织的生产经营规模和效益状况，确定并支付经营者年度报酬的分配方式。年薪制主要适用于企业经营者（也适用于部分事业单位人员）的薪酬，它以年度为考核周期，把经营者的收入与其工作业绩挂钩。年薪通常包括基本收入和效益收入两部分，基本收入主要依据经营者状况、企业规模等因素确定；效益收入则根据经营者完成利税、技术进步、资产增值等各项指标的情况上下浮动。目前，一些地区在效益收入中还引入了股权激励方式，将部分效益收入转化为股份，由经营者持有。年薪制充分体现了经营者的劳动特点，强化了对经营者的激励，有利于企业绩效的提升。但年薪制主要取决于企业的年度收益，经营者易产生短期行为；经营者可能通过其他方式获取收入，或产生"寻租"。年薪制的实施需要以现代企业制度为基本条件，制定全面反映企业经营状况的指标体系，包括企业资产增值、盈利、企业成长、技术进步、新产品研发等，并合理确定相关系数。

（二）奖金

奖金是对员工超额完成工作任务、取得显著工作绩效或做出其他贡献给予的报酬。奖金是一种激励性的报酬，其主要作用是激发员工的积极性、创造性和贡献意识，旨在激励员工完成预定的绩效目标，为组织的发展做出贡献。奖金的支付是以超额劳动和绩效为基础，所以有效地评估绩效是奖金设计与实施的关键。

1. 奖金的特征

奖金具有不同于工资的特征：①奖金具有很强的针对性和灵活性，它可以根据工作需要，有针对性地激励某项工作。②奖金具有更强的激励作用，它可以激励员工更加努力地为组织做出贡献。③奖金收入具有明显的差异，相同职务、相同等级的员工，其劳动差别主要通过奖金形式反映出来。④奖金收入具有不稳定性。奖金不具有工资的保障性和稳定性，完全依据员工的努力而变化，时多时少，时有时无。

2. 奖金的类型

（1）质量奖。企业对员工生产的产品或提供的服务达到较高的质量标准而支付的奖励。

（2）节约奖。对员工节约能源损耗、降低原材料的使用量，使产品成本降低的奖励。

（3）安全奖。安全奖指员工在一段时期内未出现安全隐患和安全事故，为鼓励员工做好生产、工作安全而支付的奖金。

（4）技术创新奖。技术创新奖是对员工进行技术改良、创新的奖励，技术创新奖的奖金相对较高。

（5）合理化建议奖。合理化建议奖是指由于员工提出的建议被采纳，并且证明是行之有效的而支付的奖金。合理化建议奖面向全体员工，旨在激励员工积极关心组织并出谋划策。

（6）年终奖。用人单位在一年结束时对所有员工发放的奖金，以奖励员工一年来的辛勤劳动和贡献。年终奖具有普遍性，所有员工均能获得，可平均发放，也可有差别地发放。

3. 奖金制度的有效实施

奖金制度的有效实施，要设计好以下几个方面。

（1）奖励条件。奖励条件是指员工获得奖励必须达到的要求。在确定奖励条件时须注意：要根据各个行业、各种职位和各类人员的不同性质和特点来制定奖励条件；奖励重点应放在与质量、节能减排、绩效有关的职位和环节上。

（2）奖励范围与幅度。奖励范围与幅度的确定要以科学的评估为依据。奖励范围与幅度要合理、适度，奖励范围太小、幅度太低，起不到激励效果；范围太大、幅度太高，又受到奖金总额的制约；但对绩效特别高或有特殊贡献的员工应予以重奖。

（3）奖励周期。奖励周期是指奖金支付的时间规定。周期的确定应考虑管理目标和奖励的性质。如生产和工作方面的超产奖、质量奖等，一般以月奖、季度奖为宜；与经济效益有关的绩效奖、年终奖等，可以年度为时间单位；对重大贡献者，则可采取一次性奖励。

（4）计奖方式。计奖方式主要有三种：①对工作内容相对独立，可单独计量超额工作的人员单独计奖。②对超额工作难以单独计量的工作部门可实行集体计奖。③对工作成果不能准确计量的部门（如行政部门人员）实行平均计奖。

（5）奖金制度。奖金的实施必须建立在科学、公平的工作评价基础之上；要保证奖励的合理性和奖金政策的稳定性；奖金的设计要科学、合理、量化；奖励制度的实施要公正、一视同仁；奖励制度在强调物质激励的同时，也要重视精神激励等非物质激励。

（三）津贴

津贴是对员工在特殊劳动条件、工作环境中的额外劳动消耗和生活费用额外支出的补偿。津贴是一种补充性的薪酬形式，其效用是保护员工的身体健康，稳定特殊岗位、艰苦岗位、户外岗位的员工队伍。津贴与补贴无严格区分，通常把与工作相联系的补偿称为津贴，把与生活相联系的补偿称为补贴。

1. 津贴的特征

从津贴的主要特征来看，津贴的唯一依据是员工的工作环境和条件，只是对特殊劳动条件下员工的补偿，有规定的标准。所有津贴都是针对特定条件制定，当特定条件消失时，津贴即终止。

津贴是平等的，处于同一劳动条件下的员工，职务能力可能不同，但津贴完全一样。津贴的确立要考虑三个因素：①工资标准。②工作的特殊性。对工作的特殊性及其对员工的影响，进行科学的测量，以便作为确定津贴标准的依据。③健康损害程度。一些津贴是为补偿特殊工作条件对员工健康造成的损害，因此应对健康损害程度进行科学的度量，从而确定津贴标准。

2. 津贴的类型

津贴的类型较多，我国目前主要的津贴种类有以下几种。

（1）地区津贴。地区津贴又分为艰苦边远地区津贴和地区附加津贴两种。艰苦边远地区津贴体现不同地区自然环境等方面的差异，以鼓励员工安心在艰苦地区工作；地区附加津贴根据各地区经济水平和生活指数等因素确定。

（2）野外津贴。野外津贴是为补偿员工野外工作的艰苦和额外消耗，主要对在地质、勘探、采油、管线等野外工作的员工提供的津贴。

（3）井下津贴。井下津贴是为补偿员工在井下工作的劳动消耗和风险而特设的津贴。

（4）流动施工津贴。流动施工津贴是为补偿建筑、水电、铁路施工等企业的员工在生活上的额外开支而设立的津贴。

（5）有毒有害津贴。是对一些接触放射性物质、有毒有害岗位的员工给予的保健性津贴。

（6）高温津贴。高温津贴是针对从事高温环境下作业的员工设立的补偿性津贴。

（7）夜班津贴。夜班津贴是为补偿员工夜间工作的辛苦和劳动消耗而设立的津贴。

3. 津贴的注意事项

津贴的设计与管理应注意几个方面：①津贴要合理、适度，在直接薪酬总量中的比重不可过高。②按照实际情况设置津贴项目，避免任意设置；严格津贴的享受条件，不能任意扩大。③津贴只考虑工作环境与工作条件，当员工失去享受津贴的条件时，必须停止支付津贴。④一般情况下，津贴采用货币形式，也可采用实物形式，如夏天的清凉降温品，这样更能体现对员工的关怀。⑤间接性津贴是指与工作无直接关系的津贴，如生活补助津贴、福利性津贴等；各种间接性津贴的发放应严格控制，不宜过高。

（四）利润分享与股权

利润分享，又称利润分红或劳动分红，指企业在年终时，按比例提取一部分企业利润形成分红基金，以红利形式发放给员工的报酬。利润分享的基本思想是按一定比例将企业利润分配给员工，其目的是激励员工。

利润分享的理论依据是：在现代企业中，员工的报酬不仅取决于个人的劳动成果，还取决于企业的经济效益。企业在一年中所取得的利润，是物质资本、技术资本和人力资本等的回报；员工作为人力资本的主体，有权以分红的形式分享企业利润。利润分享是企业与员工之间的利润再分配，利润大小直接影响员工的收益，从而促进员工关注企业绩效。

利润分享是对企业税后利润的分配，带有奖励性质，但与奖励工资不同，一般奖励工资来源于成本，而利润分享来源于企业的经营成果，属于企业成果内部再分配。由于利润分红来源于企业的利润，不计入工资成本，因而不会增加产品的成本而影响企业竞争力；而工资和奖金是预支的人工成本，属于生产费用。利润分红是对企业剩余劳动成果的分配，分红的数量和规模受企业扩大再生产投资的影响，二者是此消彼长的关系。

利润分享的具体形式有多种：大多数企业按照员工绩效评价的结果，实行一次性利润分红。也有些企业每隔一定时期向员工发放固定数额的反映企业利润的奖金；还有些企业在监督委托代理的情况下按预先规定的比例把一部分利润存入员工账户，员工退休后可以领取这部分收入，并可享受较低的税率。分红总额及其比例一般由企业最高决策层确定，分红额度按照一定比例从企业利润中提取，比较常用的是浮动分红比例。分红总额确定后，员工之间的分配，可按工资的固定比例分配，也可按不同职位的分红系数分配。

第三节　薪酬体系设计与管理

薪酬设计与管理，指对组织的整个薪酬体系，包括薪酬标准、薪酬水平、薪酬结构和薪酬策略等进行设计、调整和管理的动态过程。通过薪酬设计，组织形成一个合理的薪酬体系；通过薪酬管理，薪酬的功能得以有效地发挥。

一、薪酬体系设计

薪酬设计是薪酬管理最基础的工作，如果薪酬水平、薪酬结构等很不合理，薪酬管理不可能取得预定目标。

（一）薪酬设计的原则

薪酬设计的核心是设计出具有内部公平性和外部竞争性的薪酬体系，这就要求薪酬设计必须遵循一定的原则。

第一，公平原则。公平原则是公平理论在薪酬设计中的运用。公平原则包含三个方面：①横向公平，即组织中所有员工之间的薪酬相对合理。②纵向公平，即组织设计薪酬时必须考虑到历史的延续性，一个员工过去的投入产出比和现在乃至将来应基本上一致，还应有所增长。③外部公平，组织薪酬设计要根据劳动力市场的薪酬水平确定本组织的薪酬标准。

第二，效益性原则。薪酬设计的效益性原则强调组织设计薪酬时，必须充分考虑组织自身发展的特点和支付能力。它包括两个方面的含义：短期来看，企业的收入扣除各项非人工费用和成本后，要能够支付企业所有员工的薪酬；长期来看，企业在支付所有员工的薪酬以及补偿所用非人工费用和成本后，要有盈余，企业才能持续发展。

第三，战略导向原则。战略导向原则强调组织设计薪酬时必须从组织战略的角度进行分析，制定的薪酬政策和制度必须体现组织发展战略的要求。合理的薪酬制度驱动那些有利于组织发展战略的因素的成长和提高，同时使那些不利于组织发展战略的因素得到有效的遏制和淘汰。因此薪酬设计必须考虑组织战略，与组织战略相配备。

第四，激励原则。激励原则就是强调组织在设计薪酬时必须充分考虑薪酬的激励效果。分析薪酬（人力资源投入）与激励效果（产出）之间的比例关系；组织在设计薪酬时要充分考虑各种因素，使薪酬的支付能获得最大的激励效果。薪酬标准应对员工有吸引力，且组织内部各级、各类职务的薪资水准应适当拉开差距，使薪酬能充分激励员工。

第五，外部竞争性原则。外部竞争性强调组织在设计薪酬时必须考虑到同行业和竞争对手的薪酬水平，保证组织的薪酬水平在市场上具有一定的竞争力，能吸引和留住发展所需的人才。薪酬要具有竞争力和吸引力，就要求其薪酬水平标准比市场要高，但这也必然导致人力成本的上升。一个合理的薪酬体系应当能吸引和留住优秀人才，以保持组织的竞争优势。

第六，体现薪酬文化原则。薪酬文化是指薪酬设计中所贯穿的价值理念，它引导着薪酬设计。

（二）薪酬设计的步骤

第一，职位分析。职位分析是确定薪酬的基础工作，薪酬设计首先要做好职位分析。组织管理层要在工作内容、业务分析和人员分析的基础上，明确部门职能和各职位的关系，在职位分析的基础上编写职位说明书，这是薪酬设计的第一步。

第二，职位评价。职位评价旨在解决薪酬的内部公平问题。通过比较组织内部各个职位的相对重要性，得出职位等级序列，建立职位评估标准。通过综合评价职位各因素，使不同职位之间具有可比性，为确保薪酬的公平性奠定基础。

第三，薪酬调查。薪酬调查重在解决薪酬水平的对外竞争力问题。组织在确定薪酬水平时，需要参考劳动力市场的薪酬水平。薪酬调查的对象，最好是选择与自己有竞争关系的组织或同行业的类似组织；薪酬调查的数据，要有不同职位的薪酬数据、薪酬增长状况、奖金、福利状况以及未来薪酬走势分析等。

第四，薪酬定位。在分析市场及同行业的薪酬数据后，需要做的是薪酬定位，即根据市场和同行业的薪酬数据，结合本组织薪酬现状及财务状况确定自身的薪酬水平。

第五，薪酬结构设计。薪酬结构设计是薪酬设计的重要内容，主要解决各种形式的薪酬在整个薪酬体系中的合理构成与比例，薪酬结构设计的重点是工资结构类型的选择。

第六，薪酬体系的实施和修正。确定薪酬体系时，要对总体薪酬水平做出准确的预算。薪酬在运行过程中，可能会产生偏差，可对薪酬体系进行相应的调整。世界上不存在绝对公平的薪酬，关键是员工是否满意，及时沟通与宣传是增加薪酬满意度的因素之一。

（三）薪酬水平与结构设计

1. 薪酬水平设计

（1）薪酬水平的定位要素。薪酬水平设计是指组织对自身薪酬量的定位。薪酬水平的定位主要应考虑三个要素：①市场薪酬水平与竞争对手的薪酬水平。在市场竞争及人才流动条件下，必须参照市场与竞争对手的薪酬水平来定位自己的薪酬水平。②组织的绩效与财务状况。一般而言，薪酬水平与绩效、财务状况是正相关的。③组织在不同的发展阶段，其薪酬水平的定位不同。薪酬水平定位旨在既满足内部公平性，又具有外部竞争性。

（2）薪酬水平的定位策略选择。薪酬水平的定位通常有三种策略可以选择：①领先策略，即薪酬水平在市场居于领先地位，高于市场平均水平。②趋中策略，即薪酬水平在市场居于中等水平，与市场平均水平持平。③市场追随策略，即薪酬水平在市场居于较低水平，跟随市场水平。组织到底选择何种定位，还需要从自身的财务承受力与市场竞争力两个因素进行综合平衡。在实践中，薪酬采用领先策略的未必是最优秀的公司，因为最优秀的公司可以依靠其综合优势，不必花费高工资也可能找到优秀人才。

在薪酬工作实践中，很多组织往往采用的是混合性薪酬策略，即根据职位的类型或层级来分别制定不同的薪酬策略，而不是对所有的职位均采用相同的薪酬水平定位。一般来说，较高薪酬能吸纳高素质的员工，激发员工的积极性，所产生的绩效可能大于高薪酬增加的成本。效率工资理论也指出，工资水平的提高可能降低单位产出的劳动力成本，这是因为，高于市场的薪酬水平能激发员工工作的积极性，提高生产率，产出水平的增加将超过劳动力成本的增加。

2. 薪酬结构设计

薪酬结构主要指薪酬的具体形式及构成。不同形式薪酬的特征与功能不同，对员工的行为有不同的影响。因此，薪酬结构设计最重要的是选择能体现各类员工的贡献并能有效激励员工的薪酬组合。

（1）薪酬结构设计的要素。薪酬结构设计，确定何种要素来决定员工薪酬，即解决薪酬的确定主要基于哪些要素的问题，是基于员工的职位、年资、技能、绩效，还是各要素的综合；与之相应的是选择职位薪酬、年资薪酬、技能薪酬、绩效薪酬，还是综合各要素的结构薪酬，来作为员工基本薪酬的基础。确定职位薪酬，需要对职位做出评估；确定技能薪酬，需要对人员资历做评估；确定绩效薪酬，需要对工作表现做评估。确定薪酬结构，则要综合考虑各要素在整个薪酬中的作用程度与权重，它们决定着薪酬构成中各种要素的报酬率。

无论基于何种要素来决定薪酬，都有利有弊。按职位来决定薪酬，可以避免薪酬的决定受人为因素的影响，但同一岗位，不同员工的绩效可能不同，职位薪酬难以保证薪酬分配的公正性。根据员工的技能来决定薪酬，有利于促进员工技能的提高，但技能薪酬往往依据的是员工的潜在能力，并非对组织的实际贡献，可能导致员工薪酬与其绩效脱节。绩效薪酬主张以绩效来决定薪酬，能有效激励员工提高工作业绩，提升组织的绩效，但要客观地衡量每个员工的绩效往往又是个难题。

（2）薪酬结构设计的注意事项。

第一，基本薪酬与可变薪酬的比例。基本薪酬相对稳定，保障员工的基本需要，使员工产生安全感；但基本薪酬过高会削弱薪酬的激励功能。可变薪酬具有较强的激励作用，但可变薪酬过高，基本薪酬偏低，会使员工缺乏保障与安全感。

第二，短期薪酬与长期薪酬的比例。短期薪酬包括基本工资、奖金等，属短期激励；长期薪酬包括股权等，属长期激励。在实践中，一般管理者倾向于短期薪酬，因为短期绩效容易衡量，且较受员工欢迎。不过，具有企业家精神的管理者，往往愿意接受长期薪酬，因为长期薪酬使他们与组织结成命运共同体，有利于组织的长远发展。

第三，经济性薪酬与非经济性薪酬的比例。经济性薪酬主要满足员工物质生活需要；非经济性薪酬属内在性薪酬，主要满足员工心理与精神方面的需要。组织要获取更有竞争力的地位，应重视非经济性薪酬，如培训机会、工作环境、职业发展等。但就需求层次而言，员工只有在对经济性薪酬基本满意的基础上，才会重视非经济性薪酬。

二、薪酬管理

薪酬管理是指组织通过一定的体制，运用一定的政策，采取一定的方式对整个薪酬系统进行决策、调整和控制的动态过程。广义的薪酬管理应包括薪酬设计、薪酬战略、薪酬计划和薪酬的日常管理等。在人力资源管理中，薪酬管理至关重要，它关系到薪酬的各项功能能否发挥，员工的积极性能否充分激励。

在薪酬管理中，重点要考虑以下四个方面的问题。

第一，薪酬决策是员工参与薪酬决策的状况。薪酬决策的民主意味着员工参与度高，员工可以参与并影响薪酬决策，能提高员工对薪酬的满意度。但薪酬民主决策的效率较低，人工与时间投入多，员工意见往往难以统一。

第二，薪酬支付的公开透明程度，其核心问题是实行保密薪酬还是公开薪酬制度。二者各有利弊，保密薪酬会导致员工之间互相猜疑，降低信任水平；公开薪酬能增加管理的透明度，减少保密薪酬可能存在的以个人好恶取代客观标准的弊端。公开薪酬可以有效发挥薪酬的激励作用，但可能导致部分员工不合作和相互攀比等问题。

第三，薪酬管理权限的划分，即薪酬管理是集权式还是分权式。集权式管理有利于薪酬战略与组织战略的配备，薪酬决策效率较高；分权式管理有利于各部门选择适合自身的薪酬模式。一般而言，企业规模小、单一经营、部门独立性弱的，其薪酬管理应倾向于集权；反之应分权管理，由部门决定自己的薪酬制度。

第四，薪酬制度偏刚性还是偏弹性。偏刚性的薪酬制度较稳定，保障性相对较强，有助于稳定人心，但难以适应市场与环境的变化。偏弹性的薪酬制度在环境变化时具有较强的适应能力，但容易造成员工对其未来薪酬状况难以预测的担忧，不利人心的稳定。大多数情况下，薪酬制度的选择应兼具刚性和弹性两种特征。

总之，薪酬管理是人力资源管理中的重要内容，薪酬方案设计的科学与否直接决定了薪酬激励作用的体现，进而体现了企业内部人力资源管理效应的体现。[①] 开放式薪酬管理模式更能适应动态环境和市场变化，符合薪酬管理发展的主流趋势，更受组织与员工的青睐。

第四节　员工福利与劳动关系管理

一、员工福利

福利是指为了提高人民的生活水平和福祉而采取的各种措施和政策。福利的目标是通过提供各种服务和福利来改善人们的生活质量和社会公平性，使人们在经济、社会和健康方面都能得到保障和支持。员工福利是指企业为员工提供的额外福利和福利计划，旨在提高员工的工作满意度、提升员工的福利水平，促进员工的工作动力和忠诚度。

员工福利的特征包括：①集体性。员工主要通过集体消费或共同使用公共设施的方式分享员工福利。②均等性。员工福利在员工之间的分配和享受，具有一定程度的机会均等和利益均沾的特点。每个员工都有享受本组织员工福利的均等权利。③补充性。员工福利是对按劳分配的补充，可以在一定程度上减少按劳分配带来的生活富裕程度的差别。④补偿性。员工福利是对劳动者所提供劳动的一种物质补偿，享受员工福利必须以履行劳动义务为前提。⑤差别性。员工福利在同一组织内部实行均等和共同分享的原则，但在不同组织间存在着差别。

（一）员工福利的主要作用

第一，降低组织成本。组织为员工支付的一部分福利项目可以在税前列支，使组织减少纳税基数，合理规避一部分税收。在我国的基本社会保险缴费中，组织的缴费以组织上

---

① 牛巧云. 基于能力的薪酬方案及其设计 [J]. 管理观察，2018（31）：16–18.

一年度的职工工资总额为缴费基数，如果增加员工的货币工资，会间接增加组织的基本社会保险缴费额，而通过增加实物或服务，则可以使得员工在获得同等收入水平的情况下，为组织减少一部分成本开支。

第二，提高劳动生产率。员工福利是薪酬体系的重要组成部分，也是组织激励和留住人才的重要方法。良好的福利项目能降低员工的离职率，吸引和保留高层次人才，从而节约招聘、培训等一系列的费用；员工健康和安全福利，可以预防员工患病，减少因病缺勤情况，使员工保持良好的身心健康状态投入工作中；员工工作餐福利，可以减少员工外出就餐的时间，增加员工的休息时间，有利于员工工作效率的提升。员工福利带来劳动生产率的提高，组织从员工身上也会得到更多的回报。

第三，增加员工收入。员工福利是员工基本薪酬的有效补充。一方面，组织集体供给福利项目，有价格优势，可以将固定成本分散到较多的员工身上，从而降低每个员工所承担的成本；另一方面，组织为员工提供的各种保障计划、服务和实物的开销，无须缴纳个人所得税或者延期纳税，员工就能在获得这些报酬的同时获得税收的减免，这对高收入员工来讲，尤其具有吸引力。

第四，传递组织文化和价值观。一个组织的福利计划反映该组织的组织文化、员工管理的理念，是传递组织文化的有效工具。员工福利体现组织的管理特色，传递组织对员工的关怀，强化员工的团队意识和对组织的归属感，建立一个家庭式的文化氛围和工作环境，从而促进员工对组织文化和价值观的认同，树立组织良好的形象，吸引更多优秀人才的认同和加入。越来越多的组织开始重视自身文化的塑造，强调以员工为中心的组织管理，同时向员工提供形式多样、富有吸引力的员工福利。

第五，提供安全保障。员工福利是员工基本薪酬的有效补充，员工福利项目丰富的内容和多样的形式，满足了员工多层次的保障需要。法定的社会保险等项目，只能为员工提供基本保障，而组织的部分福利项目可以提供更高水平的抵御社会风险保障，解除员工对医疗、养老等问题的后顾之忧，满足员工对安全保障的需要。

（二）员工福利内容

1. 社会保险

社会保险是指国家通过立法强制建立社会保险基金，对参加社会保险的劳动者在暂时或永久丧失劳动能力或失业时给予必要的物质帮助，使之能继续维持基本生活与医疗的保障制度。社会保险既是员工的一种福利性薪酬，也是社会保障体系的核心和员工保障最重要的内容。随着市场经济的发展和生活环境条件的变化，人们生存的经济风险加大，社会保险越来越重要，需要建立一个完善的社会保险体系，为劳动者的经济生活提供保障。

社会保险的主体是政府、用人单位与劳动者，保险对象是参与社会保险的劳动者，保险内容限于与劳动相关的各种风险，社会保险的目的是维持劳动力的再生产，保险基金来源于用人单位和劳动者的缴费及财政的支持。

社会保险在社会保障体系中居核心地位，这不仅由于它的覆盖对象是劳动者，是人口群体中最重要的部分，而且社会保险承担劳动者在全部生命周期——从出生、成长，到年老、死亡整个期间发生的失去收入的所有风险。从理论上讲，社会保险是社会对个人消费品再分配的一种特殊形式。劳动者享受社会保险的权利，是以其对社会履行劳动及缴费义务为前提；实行社会保险，是国家对劳动者履行的责任，也是劳动者应享受的权利。

社会保险的对象是劳动者，只要劳动者与用人单位建立了劳动关系，或已按规定缴纳社会保险费，就可享受社会保险待遇。社会保险是对劳动者在全部生命周期遇到的各类风险进行一定程度的补偿，因此，社会保险的客观依据就是劳动者一生中不可避免的、失去工资收入的风险。

（1）社会保险的特征。社会保险具有以下方面的特征。

第一，强制性。社会保险不同于自主、自愿的商业保险，它是国家通过立法强制实施；它保险的对象、范围、保险费用的收取与使用等，都由法律予以规定，劳动者和用人单位不管是否愿意都必须参加，而且必须按规定及时、足额地缴纳费用。

第二，保障性。保障性是实施社会保险的根本目的，旨在保障劳动者在其失去劳动能力或暂时失去收入后的基本生活。劳动者一旦失去收入或身体伤病，社会保险就为其提供一定的保险金和医疗服务，保障劳动者的基本生活和必要的治疗。其保障水平应能维持基本生活需要，以保证劳动力的生产和再生产。

第三，福利性。商业保险是追求盈利的，而社会保险是一种福利，是非盈利的，或者说是员工的一种福利性薪酬。保险费用来自国家、组织和劳动者个人三个方面，其中个人的负担不能太重。

第四，普遍性。普遍性指社会保险实施的范围较广，一般在工薪劳动者中实行，部分国家在全体居民中实行。在经济条件不具备的情况下，社会保险可先在一部分劳动者中实施，随着经济的发展，再逐步扩大到所有劳动者，以至全体社会成员。

第五，互济性。互济性指社会保险按照社会互济、共担风险的原则，由社会组织、进行。社会保险费在一定的范围进行社会统筹，建立社会保险基金；采用互助互济的办法统一调剂使用，支付保险金和提供服务，使参加社会保险的劳动者得到保障。

（2）社会保险的作用。具体内容包括：①社会保险是劳动力生产再生产的必要条件。

社会保险为他们提供了基本的生活和医疗，保证劳动力的生产与再生产。②社会保险促进了社会稳定。社会保险对丧失劳动能力和暂时失去工作的劳动者给予经济帮助，以维持其基本生活，有助于消除社会不安定因素。③社会保险是提高劳动生产率的重要条件。社会保险制度的建立，解除了劳动者的后顾之忧，有利于调动劳动者的积极性，促进了劳动生产率的提高。④促进了经济公平。社会保险具有收入再分配的功能，实质上对高、低收入群体进行了一种间接调节，从而缩小了收入差距，促进了社会的公平。

（3）社会保险的基本原理。社会保险是从商业保险中脱胎而来的，它借用了保险的原理，赋予其立法强制性，增加了福利性和更广泛的适应性。社会保险的基本原理主要有以下几个方面。

第一，分散风险与社会互济。一个劳动者在其整个生命周期要面临许多风险，包括失业、生育、疾病、工伤、老年、死亡等风险；而在这些风险发生时，仅依靠劳动者个人的经济能力是难以承担的，这就需要通过社会保险来分散这些风险。社会保险分散这些风险依据两个方面：①劳动者本人在能劳动时缴纳保险费，当发生风险时可领取保险金；②通过社会统筹互济，使风险分散于社会，形成一种"我为人人，人人为我"的互助机制，来解决风险。

第二，"准公共产品"原理。社会保险实质上是一种"准公共产品"，是一种为劳动者提供的福利产品。社会保险作为一种"准公共产品"，区别于私人产品，具有一定的非竞争性和非排他性。社会保险无法由市场提供，政府作为主体之一，参与社会保险的供给，并予以财政支持，所有符合条件的劳动者都可以享受。社会保险基金的运用，通过社会统筹和分配，实行有效分散社会风险、共同承担风险后果，体现了社会保险的"准公共产品"性质。

第三，权利与义务的一致性。社会保险体现了劳动者权利与义务的对应关系，这种对应关系表明社会成员必须"先尽义务、后享权利"，参加社会保险的劳动者个人享受保险待遇的权利是根据他缴纳保险费的义务而得到保证。权利与义务的对应关系也指机会上的均等，在遭遇到法定范围的各种风险时，参加社会保险的成员均可获得基本生活保障的待遇。当然，社会保险体现劳动者权利与义务的对应关系，并非说劳动者缴纳的保险费与领取的保险金完全相等。

第四，"非商业化"的保险。社会保险应用了保险原理，但与商业保险有区别：①社会保险为社会成员提供基本保障，没有营利性；商业保险是以利润为目的。②社会保险是通过立法强制实施，商业保险是遵循"契约自由"原则，自愿投保。③社会保险由政府机构组织，商业保险是保险公司经营。④社会保险提供的是基本保障，项目不多，保障水平相差不大；商业保险的项目种类繁多，保障水平差别较大。

第五，积极预防意义的"积蓄"。社会保险具有积极预防意义的积蓄性，对社会风险具有未雨绸缪的作用，使参加社会保险者获得心理上和经济上的安全感。由于社会保险的积蓄功能，形成了一笔专用的、可观的基金，并通过社会保险基金的运营，使之保值增值，这就为社会保险增加了财力，使之有足够的资金来满足保障劳动者应对风险的需要。

2. 社会保险基金

社会保险基金是为了保障保险对象的保险待遇，按国家法律规定，由缴费单位和缴费个人分别按缴费基数的一定比例缴纳，以及通过其他方式筹集的专项资金。这种基金只能用于社会保险，按不同保险项目分为养老保险基金、医疗保险基金、失业保险基金等。

（1）社会保险基金的来源。社会保险基金的来源有三个方面：①用人单位缴纳的社会保险费（税），是受保人和法定范围内的单位向社会保险缴纳的费用，是社会保险基金的主要来源。②劳动者个人缴纳的保险费（税），缴纳保险费是受保人的义务，也是享受保险金权利的依据。③国家财政资助。国家财政对社会保险的资助分直接资助和间接资助。直接资助是由国家财政直接给予补贴；间接资助指对社会保险基金给予政策上的优惠，如税收优惠等。

（2）社会保险基金的统筹。社会保险基金一般采取统筹方式。统筹即社会保险基金的统一筹集和分配，在社会范围内对社会保险基金的来源和用途做出统一的计划和安排，以发挥社会保险的互助调剂功能，促进保险基金的保值增值。社会保险基金统筹意味着社会保险基金的使用具有互助调剂特点，社会保险费向社会筹集，在全体受保人中调剂使用。

社会保险金统筹的原因是：受保人的年龄结构不同，享受保险金有先有后；不同寿命的受保人领取保险金有多有少；单位为个人缴纳保险费的时间有长有短，工资水平不同，缴纳的保险费的总额也不同；受保人参加保险的时间有长有短，缴款数额也有差异；各地区经济发展水平不同，消费支出与保险待遇标准也有差异。因此，社会保险基金需要统筹，特别是养老和医疗保险，各国都强制性地实行社会统筹。目前，我国已经开始实行部分保险金的省（市）一级社会统筹。

（3）社会保险基金的管理。社会保险基金是用于保障劳动者养老、医疗等方面的资金，直接影响劳动者及其家庭的基本生活，因此，必须加强社会保险基金管理。从我国社会保险的现状看，加强社会保险基金管理主要有以下几个方面：①提高社会保险基金预算管理水平，加强预算执行管理；社会保险基金按统筹层次设立预算，通过预算实现基金的收支平衡。②完善社会保险基金财务会计制度，各项社会保险基金按险种分别建账，分账核算，严格基金的规范使用，不得用于平衡其他政府预算。③社会保险基金专款专用，任何组织和个人不得侵占或者挪用。社会保险基金不得违规投资运营，不得用于兴建办公场所和支付人员经费、管理费用等。④进一步提高社会保险基金的统筹层次，适当提高保障水平，将基金结余保持在合理范围内。加快基金管理的信息化建设，基金信息公开，提高透明度。⑤坚持安全第一的审慎原则，在完善法规、严格监管的前提下，适当拓宽社会保险基金的投资渠道，实现基金的保值增值。

（4）社会保险的主要内容。社会保险旨在解决劳动者年老、疾病、工伤、生育及失业时失去收入的风险，与此相适应，社会保险的主要内容包括养老保险、医疗保险、工伤保险、生育保险和失业保险。

第一，社会养老保险。社会养老保险是指劳动者在达到法定退休年龄或因身体原因丧失劳动能力时，按国家规定退出工作岗位并享受一定物质补助的一种社会保险制度。

养老保险最重要的作用是：为老年人提供基本生活保障，使老年人"老有所养"。对于在职劳动者而言，参加了养老保险，就意味着将来年老后的生活有了基本保障，免除了后顾之忧。同时，养老问题的解决，减轻了老人家庭的负担，有利于社会的稳定。此外，由于养老保险涉及面广，参与人数多，其运作中能够筹集到大量的养老保险金，能为资本市场提供巨大的资金来源；通过对规模资金的运营和利用，促进了社会经济的发展。

社会养老保险的主要类型包括：①收入关联型养老保险。收入关联型养老保险制度以美、德、法等国为代表，强调养老金待遇与工资收入及缴费（税）相关联，养老金待遇主要取决于劳动者个人的工资收入及缴费状况。②福利型养老保险。福利型养老保险贯彻"普惠制"原则，基本养老保险覆盖全体国民。③混合型养老保险。混合型养老保险即福利型养老保险与收入关联型养老保险的结合。④国家型养老保险。国家型养老保险制度曾经在大多数计划经济国家实行，由国家来包揽养老保险活动和筹集资金，实行统一的保险待遇水平，保障水平较高，劳动者个人无须缴费，退休后可享受退休金。⑤储金型养老保险。储金型养老保险制度主要在一批新兴市场经济国家实行，强调自我保障的原则，实行完全积累的基金模式，建立不同类型的个人养老保险账户或"公积金"账户。

第二，医疗保险。医疗保险是劳动者因患病而暂时失去劳动能力和收入来源，社会给予其一定的医疗服务、假期和收入补偿的一种社会保险制度。劳动者在生产、生活中，不可避免会面临疾病的风险，劳动者一旦患病，不仅不能劳动，失去收入，还需要医疗，花费医疗费用，使劳动者难以承担。这就需要建立医疗保险，为劳动者提供医疗风险保障。

医疗保险具有两方面的重要作用：①医疗保险的实行，能有效地解决许多劳动者因"看病难、看病贵"而有病不能治的问题，使广大劳动者能够"病有所医"，促进其身体及其劳动能力的恢复，重新投入劳动工作。②通过医疗保险内在机制的作用及其管理，能有效地防止医疗资源的浪费，使医疗资源得到合理使用。其中，实现劳动者"病有所医"是我国医疗保险的目的。

医疗保险制度的类型包括：免费型国民医疗保险、社会医疗保险制度、混合型医疗保险、个人积累型医疗保险。

第三，工伤保险。工伤保险是指员工在工作中或在规定的特殊情况下，遭受意外伤害或患职业病导致暂时或永久丧失劳动能力以及死亡时，员工或其遗属从社会获得物质帮助的一种社会保险制度。工伤保险的特征包括：①工伤保险的对象不只是员工本人，员工因工伤死亡时其遗属可获得物质帮助。②工伤保险的责任具有赔偿性，而其他社会保险仅是对职工的帮助和补偿。③工伤保险实行无过错责任原则。无论工伤事故的责任是用人单位还是员工个人或第三者，员工都能获得工伤保险待遇。④工伤保险不同于养老保险等，员工不需缴纳工伤保险费，由单位缴纳，财政补贴。⑤与医疗保险相比较，工伤保险待遇相对优厚，员工享受的待遇及标准较高。

第四，生育保险。生育保险是国家和用人单位在女职工由于生育而暂时中断工作时给予她们的生活保障和医疗服务的社会保险制度。生育保险的主要内容包括：在女职工产前产后以及生育时，为其提供产假、假期工资、生育补助金和医疗服务。旨在通过向女职工提供生育津贴、医疗服务和产假，帮助她们恢复劳动能力，重返工作岗位。

生育保险具有不同于其他保险的特征：①生育保险是一种对劳动力的生产和再生产的保护，生育保险的状况不仅影响女职工本人，还影响未来劳动力的数量和质量。②享受生育保险的只是女职工，因而享受对象相对较窄。但生育是整个家庭的事情，应给予男职工一定假期以照顾妻子，并发给假期工资。③生育是一个包括怀孕、分娩、哺乳的长期过程，所以生育保险必须实行产前、产后都享受的原则，因而需要为女职工提供较长时间的产假。④我国生育保险要求享受对象必须是合法婚姻者，即必须按婚姻法规定办理合法手续，并符合国家生育政策等。不到法定结婚年龄或非婚生育或不符合生育政策的，不能享受生育保险。⑤职工个人不缴纳生育保险费，由参保单位按照其工资总额的一定比例缴纳。

实行生育保险是对女职工生育权益的保护。生育保险保障了女职工生育期的基本生活，使她们在生育或流产期间得到必要的经济收入和医疗照顾，保障她们及时恢复健康，回到工作岗位。同时，实行生育保险是对妇女生育价值的认可。妇女生育是社会发展的需要，她们为社会劳动力再生产付出了努力，应当得到社会的补偿。

从人力资源的角度分析，生育保险具有三个方面的作用：①保护女性劳动力的恢复。女职工在生育及产前产后一段时期内，身体需要恢复，这就需要建立生育保险，使女职工获得休息、医疗与生活保障，起到保护劳动力的作用。②保证了劳动力的再生产。女职工的生育是人口的再生产，实际上就是劳动力的再生产。若缺乏生育保险，不仅影响女职工身体与劳动能力的恢复，还会影响劳动力的再生产。③有利于提高人力资源质量。如生育保险提供的产期检查、生育保健指导等，有利于保护胎儿正常生长，对提高人力资源的素质有重要作用。

第五，失业保险。失业保险是指国家通过建立失业保险基金，对因某种情形失去工作而暂时中断生活来源的劳动者提供失业保险金，并帮助其重新就业的一种社会保险制度。失业保险的目的是保障失业人员失业期间的基本生活，并促使其再就业。失业保险具有保障生活和促进就业双重功能。一方面，当劳动者失业时，可领取失业保险金或失业补贴，维持失业期间的基本生活；另一方面，失业保险还可为失业人员提供职业培训和职业介绍补贴，从而促进失业人员的再就业。此外失业保险还具有抑制和预防失业的作用。因此，必须进一步完善失业保险，强化其保障基本生活与鼓励再就业相结合的机制，更好地发挥失业保险在"保生活"和"促就业"方面的双重作用。

失业保险制度类型包括：国家强制性失业保险制度、非强制性失业保险制度、失业补助制度、综合型失业保险制度。

（三）员工福利的管理

员工福利管理的原则包括：①合理性原则。所有的福利都意味着组织的投入或支出，因此，福利设施和服务项目应在规定的范围内，力求以最小的费用达到最大的效果。效果不明显的福利应当予以撤销。②必要性原则。国家和地方规定的福利条例，组织必须坚决严格予以执行。此外，组织提供福利应当最大限度地与员工要求保持一致。③计划性原则。凡事要计划先行。福利制度的实施应当建立在福利计划的基础上。④协调性原则。组织在推行福利制度时，必须考虑到与社会保险、社会救济、社会优抚的匹配和协调。已经得到满足的福利要求没有必要再次提供，确保资金用在刀刃上。

员工福利管理的内容如下：

第一，福利的目标。每个组织的福利目标各不相同，但有些基本内容还是相似的，主要有：必须符合组织长远目标；满足员工的需求；符合组织的薪酬政策；考虑到员工的眼前需要和长远需要；能激励大部分员工；组织能负担得起；符合当地政府的法规政策。

第二，福利成本核算。成本管理是组织管理中的关键环节，也是福利管理中的重要部分。没有成本目标，福利成本就会失控，从而侵蚀组织利润，成为组织的负担。因此，各级管理者必须花较多的时间与精力进行福利成本的核算，将其严格控制在预算范围之内。

福利成本的核算主要涉及以下方面：通过销量或利润计算出组织可能支付的最高福利总费用；与外部福利标准进行比较，尤其是与竞争对手的福利标准进行比较；进行主要福利项目的预算；确定每一个员工福利项目的成本；制订相应的福利项目成本计划；尽可能在满足福利目标的前提下降低成本。

第三，福利沟通。要使福利项目最大限度地满足员工的需要，就必须让员工了解和接受组织的福利安排，因此，福利沟通相当重要，而且员工对福利的满意程度与对工作的满意程度正相关。福利的沟通可以采用以下方法：用问卷法了解员工对福利的需求；用沟通会、个别交流、宣传栏等方式向员工介绍有关的福利项目；找一些典型的员工面谈，了解某一层次或某一类型员工的福利需求；公布一些福利项目让员工自己挑选；利用各种内部刊物或在其他场合介绍有关的福利项目；收集员工对各种福利项目的反馈。

第四，福利调查。福利调查对于福利管理来说十分必要，主要涉及三个方面的内容：①进行福利项目前的调查，主要了解员工对某一福利项目的态度与需求；②员工年度福利调查，主要了解员工在一个财政年度内享受了哪些福利项目，各占多少比例，满意与否；③福利反馈调查，主要调查员工对某一福利项目实施的反应如何，是否需要进一步改进，是否需要取消。

第五，福利实施。福利的实施是福利管理最具体的一个方面，需要注意以下几点：根据目标去实施；预算要落实；按照各个福利项目的计划有步骤地实施；有一定的灵活性；防止漏洞产生；定时检查实施情况。

（四）员工福利的设计

员工福利的设计日益受到重视，优化策略如下：

第一，福利的合理与公平。组织在设置福利项目时，必须结合自身的经济实力，在增加福利支出以增加激励和降低成本以增加短期利润之间做出选择。此外，福利应体现公平精神。不管是谁，只要符合条件，都应该享有福利。

第二，适当控制福利成本。福利设施和活动需要资金，而且员工福利同工资一样，具有可升不可降的"刚性"，已有的福利一旦形成并被员工接受，就难以削减。所以福利设计要考虑各种条件，有计划地组织福利活动，开发福利设施，做好福利费用的预算和计划，将短期福利和长期福利合理有效地结合起来。员工福利存在着成本上限，员工福利设施和服务的提供只能控制在规定的成本范围内，确定主要福利项目，制订相应的福利成本计划，从而控制福利成本。

第三，员工积极参与。为使员工了解并认同现有福利制度，应向员工宣传福利计划和福利政策。应有专门委员会定期展开讨论，收集员工对福利设计的意见与建议，并及时给予解答，避免由于沟通不畅出现矛盾。同时，有必要鼓励员工参与制订福利计划，吸收部分员工参与设计；并成立由管理者、工会与员工共同组成的专门委员会来制定、执行和统筹福利政策。这样可以保证福利的合理性与透明度，增强员工的主人翁意识，使福利项目更好地满足员工需要。

第四，福利的合理使用。组织和员工共同负担福利成本，能促使员工注意福利的有效使用，有利于节约福利开支。

第五，弹性福利。弹性福利，又称自助餐式福利，是一种有别于固定式福利的新型福利制度，员工可以从组织所提供的各种福利项目中自由选择其所需要的福利。弹性福利强调让员工依照自己的需求选择自己相对满意的福利，强调员工参与福利过程。当然，实施弹性福利，并不意味着员工可毫无限制地挑选福利，一般会设定一个福利限额，员工只能在自己的限额内选择喜欢的福利。弹性福利的优点是能满足员工的个性化需求，提高员工对福利的满意度。

总之，在设计员工福利时，需要综合考虑组织的经济实力、员工需求和法律法规要求，确保福利设计的公平、合理和可持续。此外，定期评估和调整员工福利计划，以适应变化的员工需求和市场环境。

二、劳动关系管理

劳动关系是组织人力资源管理工作涉及的基本经济关系，具有重要地位。它涉及的领域广泛，包括劳动用工、劳动管理与监督、劳动者权利保护等诸多方面。

（一）劳动关系的特征与原则

1. 劳动关系的特征

在现代市场经济条件下，劳动关系呈现出下述特征。

（1）劳动关系是实现劳动过程中发生的关系，与劳动者有着直接的联系。劳动关系以劳动为目的，以劳动力与生产资料相结合为方式，在人们运用劳动能力作用于劳动对象，实现劳动过程中发生。如果劳动力不投入使用，不与生产资料结合，不进入劳动过程，便不会产生劳动关系。

（2）劳动关系的双方当事人，一方是劳动者，另一方是提供生产资料的劳动者所在单位，如企业、事业单位、政府部门等。劳动者是劳动力的所有者和支出者，用人单位为生产资料的占有者和劳动力使用者。

（3）劳动关系兼有平等性和隶属性的特点。在劳动关系建立前，即在劳动力市场中，劳动者和用人单位是平等的主体，双方是否建立劳动关系及建立劳动关系的条件由双方按照平等自愿、协商一致的原则依法确立。在劳动关系建立后，劳动者成为用人单位的员工，是劳动力的提供者，处于被管理者地位，双方形成管理与被管理的隶属关系。

2. 劳动关系的原则

劳动关系的原则是指由劳动立法所确定的用人单位在招收、录用员工时应遵循的基本法律准则。根据我国有关法律，用人单位在招聘录用员工时应坚持的基本原则包括：①平等就业原则。平等就业是指对符合法定条件的公民，提供均等的就业机会，并以同等录用标准录用。②互选原则。这是指用人单位与劳动者互相选择，即劳动者自由选择用人单位，而用人单位自主选择录用劳动者。③公开竞争就业原则。公开竞争就业原则是指劳动者通过组织公开招聘考核获得就业岗位的原则。④照顾特殊群体的就业原则。照顾特殊群体的就业原则是指照顾对谋求职业有困难或处境不利的人员。⑤禁止未成年人就业的原则。禁止任何用人单位和个人（包括父母或监护人）使用童工。但文艺、体育和特种工艺单位确需招用未满16周岁未成年人时，必须按照国家有关规定，履行审批手续，并保障其接受义务教育的权利。⑥先培训、后就业的原则。从事技术工种的劳动者和未接受过职业培训的求职人员，以及需要转换职业的劳动者，应在就业或上岗前接受必要的就业训练。

（二）劳动关系的内容

劳动关系的内容是指劳动关系主体双方依法享有的权利和承担的义务。

1. 根据主体划分

（1）员工依法享有的主要权利包括：劳动权、民主管理权、休息权、劳动报酬权、劳动保护权、职业培训权、社会保险、劳动争议提请处理权等。员工承担主要义务包括：按质、按量完成生产任务和工作任务；学习政治、文化、科学、技术和业务知识；遵守劳动纪律和规章制度；保守国家和组织的机密。

（2）组织的主要权利包括：依法录用、调动和辞退员工；决定组织的机构设置；任免组织的行政干部；制定工资、报酬和福利方案；依法奖惩员工。其主要义务包括：依法录用、分配、安排员工的工作；保障工会和职代会行使其职权；按员工的劳动质量和数量支付劳动报酬；加强对员工思想、文化和业务的教育、培训；改善劳动条件，搞好劳动保护和环境保护。

（3）劳动关系的客体是指主体的劳动权利和义务共同指向的事物，如劳动时间、劳动报酬、安全卫生、劳动纪律、福利保险、教育培训、劳动环境等。在我国社会主义制度下，劳动者的人格和人身不能作为劳动法律关系的客体。

2. 根据阶段划分

（1）组织与员工结合的双向选择方面，包括组织或委托代理人与经营管理人员、普通员工的双向选择的程度、责任和权利。处理这方面的关系涉及合同签订、合同解除等问题。

（2）组织与员工结合后双方的责、权、利关系。在市场经济条件下，员工受组织及经营者支配，如何保障员工合法权益是这一关系中的主要方面，包括员工正当收益权、劳动保护权、社会保障权、民主权、参与权、个人尊严权等。

（3）员工与组织分离时及分离后的义务、责任、权利关系。这是指员工被辞退或员工辞职时双方拥有的义务、责任和权利，如事先得到通知权、申诉权、补偿权等。

（三）劳动关系管理的措施

劳动关系管理是指根据组织的发展要求，制定规范的、合理的制度规则对组织与员工的行为进行规范和监督。这不仅是一种约束，也是保证双方合法权益的一种手段。其最终目的都是构建和谐的组织内部关系，以确保组织长远稳定的发展。

劳动关系管理的主体包括劳动法律关系的参与者，即劳动者、劳动者组织（工会、职代会）和用人单位；其客体是指主体的劳动权利和劳动义务共同指向的事物，如劳动时间、劳动报酬、劳动纪律、安全卫生、福利保险、教育培训和劳动环境等。

劳动关系管理的内容包括劳动合同的订立、履行、变更、解除和终止劳动法律行为，具体地说，也就是保障与实现主体双方各自依法享有的权利和承担的义务，其主要工作是维护双方的权益与义务关系。具体包括：①及时明确国家、当地政府关于劳动关系的规章制度及国家的法律法规，并严格按照制度以及法规办事。②落实好组织员工对规章制度及国家法律法规的了解，可以从加大宣传力度、进行相关培训、定期举办讲座等几个方面入手。③根据组织发展要求制定组织的各项规章制度，并根据社会发展及时对制度进行修改，严格执行规章制度。④要同时保证员工与组织的利益，当双方利益发生冲突时，要正确地处理双方的冲突。

（四）劳动保护与流动管理

1. 劳动保护

员工的安全与健康是组织生产力的基础。劳动保护是人力资源管理中的基本内容，也是满足员工安全需要、激发其劳动积极性的必要手段。劳动保护是国家对劳动者在生产过程中安全与健康的保护，是组织在生产过程中消除伤亡事故、职业病、火灾等采取的综合措施，以保护组织人力资源，从而提高组织经济效益。劳动保护是保证社会主义市场经济体制顺利运行的重要条件，加强劳动保护工作是组织人力资源管理的基本原则和重要内容。

（1）劳动保护的特征。

第一，劳动保护具有法律强制性。劳动保护是国家以立法的形式规定的用人单位的一项义务，具有强制性。用人单位和劳动者个人必须无条件地履行，保护劳动者的劳动安全与健康，否则就是违法。

第二，预防性是劳动保护的显著特征。劳动保护要以预防为主，这是劳动安全与健康保护的重要方针。因此，劳动保护要防患于未然，把工作做在事故发生之前，才能有效地达到保护劳动者的目的。

第三，劳动者的支持是劳动保护的基础。劳动保护诚然是国家与用人单位对劳动者安全与健康的保护。

第四，劳动保护需要讲究科学性。劳动保护是一门科学，需要懂得相关的科技知识。劳动保护对在不同环境中工作的劳动者，有不同的劳动保护制度和规程，这些制度和规程必须是经过长期科学研究和实践的结果。因此，要做好劳动保护，国家、用人单位和劳动者个人都必须不断研究和学习有关的科学技术知识。

第五，劳动保护是一项长期性的系统工程。劳动过程中的不安全、损害健康的因素不可能完全消除，只要生产活动在不断重复或继续，这些危险因素就始终存在。因而劳动保护工作是一项长期性的工作。随着经济的发展、劳动者需求的提高，劳动保护的内容将不断丰富，标准将不断提高，劳动保护日益复杂，涉及社会的各个方面。劳动保护成为一项复杂的系统工程，需要国家、用人单位等各方面的共同协作和努力。

（2）劳动保护的任务。劳动保护是指为了保护劳动者在劳动生产过程中的安全与健康，做好预防和消除工伤事故、防止职业中毒和职业病、改善劳动条件等方面所进行的工作和采取的措施，总称劳动保护。其基本任务包括：保证安全生产；实行女工保护；实现劳逸结合；规定职工的工作时间和休假制度，限制加班加点，保证劳动者有适当的休息时间和休假日数，使其能保持旺盛的精力；组织工伤救护，保证劳动者一旦发生工伤事故，立即受到良好的治疗；做好职业中毒和职业病的预防工作和救治工作。

（3）劳动保护的完善策略。

第一，健全劳动保护立法。劳动保护要走向法治化、制度化，不断完善劳动保护的法规和规章制度。包括：政府各部门、用人单位、管理人员和劳动者在劳动保护工作上的职权和责任的规则；劳动安全和劳动卫生的技术标准和现场作业规程；有关伤亡事故的调查、处理、统计和报告的规定；有关工时和休假制度；妇女和未成年工劳动特殊保护的规定等。

第二，建立和完善劳动保护监察。设置劳动保护监察员，负责监督检查用人单位和个人执行劳动保护规章制度和安全卫生技术标准、作业规程的情况。同时，在用人单位的基层班组（或车间）一级建立劳动保护员网，对用人单位的劳动保护工作实行群众监督。

第三，加强劳动保护的宣传教育。搞好劳动保护工作，要开展劳动保护宣传教育。宣传教育的主要内容是进行劳动保护技术教育和遵守安全生产规章教育，教育对象是各级领导和劳动者，旨在提高他们对安全生产的认识，提高劳动保护的责任感和自觉性，帮助他们掌握有关劳动保护的科学知识和能力。

第四，完善安全生产责任制度。实行安全生产责任制，一般采取分级和分部门负责制，主要是将安全生产责任与相关的考核及经济利益相联系，实行责、权、利统一。通过这一制度来约束那些只重效益或产量而忽视安全的行为，使劳动保护工作具体落实到人，从而做到全员安全生产。用人单位内部还应建立安全生产的群众管理组织，在每一个生产现场都设立兼职安全员，强化基层安全生产。

第五，明确员工劳动保护的职责与权利。员工劳动保护的职责包括：严格遵守劳动安全卫生规程，不违章作业；上岗按规定着装，正确操作，搞好安全生产；按时认真进行巡回检查，发现异常情况及时处理和报告；正确判断处理各种事故隐患，把事故消灭在萌芽状态；做好各项记录，交接班要交接安全情况；对他人违章作业加以劝阻和制止。员工劳动保护的权利包括：对用人单位管理人员违章指挥，强令冒险作业，有权拒绝执行，并受法律保护；对危害生产安全和身体健康的行为，有权提出批评、检举和控告。

第六，强化安全生产检查。在现代化生产过程中，应建立健全劳动保护组织网络，充分发挥职工的监督作用；建立健全安全生产检查制度，广泛开展群众性的监督检查活动，揭露和消除事故隐患，交流安全生产经验。安全检查的形式有定期检查、普遍检查和专业检查等。对检查出的问题必须立即加以解决，否则追究相应的责任。

第七，完善伤亡事故报告制度。伤亡事故报告制度是由国家颁布的，对事故定义、事故分类、报告程序、原因分析、调查处理和审批程序等都有明确而具体规定的一种制度。要求对每一项事故处理都要坚持"三不放过"（事故原因分析不清不放过，事故责任者和群众没有受到教育不放过，没有采取切实可行的防范措施不放过）的原则。必须认真查清事故原因，深刻吸取教训，并制定相应的预防措施，从而不断改进劳动保护工作。

第八，加强劳动保护的科学研究。劳动保护不只是制度与管理，也是一门科学，做好劳动保护工作需要应用先进的科学技术。因此，要加强劳动保护的科学研究，为劳动保护工作提供技术支撑，为制定劳动保护法规和安全卫生技术标准提供科学依据，为采用新技术、新设备提供知识与能力，为劳动安全检查和事故处理提供技术保障。

2. 员工流动管理

员工流动管理是指从社会资本的角度出发，对人力资源的注入、内部流动和流出进行计划、组织、协调和控制的过程。

（1）员工流失的特征。

第一，群体性。一般来说，员工流失往往发生在这些群体中：新兴行业需求量大的、思维活跃的、专业不对口的、对组织不满的、对未来职业生涯不明晰的、认为受到不公平待遇和人际关系不好的等。

第二，时段性。员工流失的时间是有规律的，一般来说，最容易发生员工流失的阶段包括：薪水结算及奖金分配后、春节过后、学历层次提高后、职称提高或者个人流动资本进一步提高后。

第三，趋利性。即员工流失总是趋向于个人利益和个人目标。这些员工可分为追求物质型、追求环境型和追求稳定型。

（2）员工流动的类型。

第一，按流动的主动性与否，可分为自愿流动和非自愿流动（解聘）。

第二，按流动的边界是否跨越组织，可分为员工流入、员工内部流动和员工流出。

第三，按流动的走向，可分为地区流动、层级流动（如从技术员到助理工程师、从熟练工人到技术员）和专业流动。

第四，按流动的个人主观原因，可分为人事不适流动（如用非所学）、人际不适流动（如员工与领导关系紧张）和生活不适流动（如水土不服）。

（3）员工流动的影响。

第一，对员工忠诚度的影响。每一次组织对员工的解雇都影响着在职员工对组织的忠诚程度。具有不安全感的员工可能对自己和组织的关系斤斤计较，只有当其职业生涯的需求被迅速地满足时才决定留下来。而相信自己直到退休都和组织在一起的员工，则可能在与组织的关系上有一种更长远的目光。

第二，对员工能力的影响。不稳定的进出模式使管理者强调对员工的选择而非对员工的开发。如果解雇员工费力又费钱，经理们就会在选择上更仔细，并且在员工开发上投资更大。

第三，对组织适应性的影响。定期的劳动力削减迫使组织解雇那些效率低的员工，使新的员工有机会重塑组织，这是管理变化的一种方法。在采用不稳定的进出流动模式的组织中，员工可能会更富有多样性，而多样性一般来说是有利于创新的。

第四，对组织文化的影响。文化的力量受到流动模式的影响。流动模式决定着员工和组织在一起的时间，进而决定着学习和传播一系列组织信念的可能性。在不稳定的进出模式中，人员流出率很高，以致员工未被充分地同化就已经离开组织，而且在这样的组织中也没有足够多的长期员工来传播文化；在终身雇佣制的组织中，发展强有力的文化相对就会容易一些，因为员工更有可能认同组织，并且希望被同化。

第五，对组织社会角色的影响。不同的流动模式对组织在社会中的角色的认识是不同的。不稳定的进出模式认为，员工存在的目的是帮助组织来盈利；终身雇佣制认为，组织存在的目的是提供稳定的就业和保障员工的生活。

（4）员工流动管理的内部管理。

第一，内部调动及其管理。内部调动指的是员工在组织中的横向流动，是在不改变薪酬和职位等级的情况下变换工作。内部调动可以由组织提出，也可以由员工提出。由组织提出的调动主要有三个方面的原因：①内部调动可以满足组织调整组织结构的需要；②内部调动可以使组织更多的员工获得奖励；③内部调动可以使组织员工的晋升渠道保持畅通。

第二，职务轮换及其管理。职务轮换又称轮岗，指根据工作要求安排新员工或具有潜力的管理人员在不同的工作部门工作一段时间，时间通常为一到两年，以丰富新员工或管理人员的工作经验。优点：能丰富培训对象的工作经历，也能较好地识别培训对象的长处和短处，还能增强培训对象对各部门管理工作的了解，以及增进各部门之间的合作。

第三，晋升及其管理。晋升是指员工由于工作业绩出色和组织工作的需要，沿着组织等级，由较低的职位等级上升到较高的职位等级。一般来说，合理的晋升管理可以对员工起到良好的激励作用，有利于员工队伍的稳定，避免人才外流。另外，合理晋升制度的制定和执行，可以激励员工为达到明确可靠的晋升目标而不断进取，使其致力于提高自身能力和素质，改进工作绩效，从而促进组织效益的提高。由此可见，晋升管理工作进行得好坏直接关系到队伍的积极性和士气。有效的晋升管理应遵循三个原则：一是晋升过程要正规、平等和透明，二是晋升选拔注重能力，三是对能力的评价要注重对员工技能、绩效、经验、适应性以及素质等因素的综合考察。

第五章　人力资源的特色服务探析

第一节　人力资源的猎头服务

"猎"的意思是猎取、搜寻、抓住。"头"是智慧、才能集中所在地。猎头，也就是物色人才的人，帮助企业找到优秀的人才。猎头追逐的目标是高学历、高职位、高价位三位一体的精英人才，搜寻的是那些受教育程度高、实践经验丰富、业绩表现出色的专业人才和管理人才。

一、人力资源的猎头技巧与公司

（一）人力资源的猎头技巧

1. 基础的猎头技巧

人力资源的猎头技巧是指在招聘和人才管理领域，猎头专业人士应具备的技巧和知识。以下是一些与企业合作时可以使用的猎头技巧。

（1）深入了解企业需求。作为猎头，与企业合作前，需要充分了解其需求和招聘目标。这包括理解企业的业务模式、文化价值观、组织结构和岗位要求等。通过与企业的沟通和了解，可以更好地把握人才需求，找到匹配的候选人。

（2）建立良好的合作关系。与企业建立良好的合作关系对猎头的成功至关重要。建立信任和沟通的基础，与企业的招聘负责人、部门经理等关键人员保持密切联系，了解招聘进展和反馈。积极主动地与企业合作，提供专业建议和支持，确保共同达到招聘目标。

（3）精准定位目标候选人。根据企业需求和岗位要求，猎头需要明确目标候选人的特征和技能。通过深入的市场调研和人才资源的分析，找到合适的人才群体，并利用专业的网络和渠道进行搜寻和筛选。同时，猎头还需了解候选人的职业发展目标和期望，确保候选人与企业的文化和职位匹配。

（4）有效沟通和推销。猎头需要具备良好的沟通和推销技巧，能够与候选人进行积极、专业的沟通。通过清晰地介绍岗位机会、企业文化和职业发展前景，吸引候选人的兴趣并建立信任关系。同时，猎头还需要与候选人深入了解其技能和经验，评估其适应性和潜力，以便为企业提供合适的人选。

（5）综合评估和反馈。在与企业合作的过程中，猎头需要进行全面的候选人评估，并及时向企业提供反馈。这包括面试和评估候选人的技能、背景和文化适配度等方面。通过提供准确和详细的候选人报告，帮助企业做出明智的招聘决策。

（6）职业道德和保密。猎头行业对职业道德和保密性要求很高。猎头需要保护候选人和企业的隐私信息，遵循行业规范和道德准则。保持良好的职业操守，建立信任和口碑，有助于与企业建立长期的合作关系。

总之，人力资源猎头需要具备综合的招聘和人才管理技巧，与企业紧密合作，找到最佳的候选人，满足企业的招聘需求。

2. 猎头顾问的业务技巧

以下是一些业务技巧，可以帮助猎头顾问，在招聘领域取得成功。

（1）建立强大的人脉网络。积极与各个行业的专业人士建立联系，并发展广泛的人脉网络。这包括与候选人、行业专家、高级管理人员和其他猎头顾问建立良好的关系。通过与人脉的互动和交流，可以更容易地找到合适的候选人和获得宝贵的市场信息。

（2）深入了解客户需求。与客户合作之前，要仔细了解他们的需求和期望。这包括客户的企业文化、价值观、业务目标和岗位要求等方面的了解。通过与客户的沟通和咨询，确保准确理解并满足客户的招聘需求。

（3）有效的市场调研。通过深入的市场调研，了解行业的人才供需情况、竞争对手的招聘策略和趋势，以及候选人的职业发展动态。这有助于更好地了解市场情况，并为客户提供有价值的建议和洞察。

（4）精准的候选人搜寻和筛选。利用专业的数据库、网络和其他渠道，针对客户需求，精准地搜寻和筛选候选人。通过综合考虑技能、经验、文化适应性和潜力等因素，找到最匹配的候选人。

（5）强大的沟通和谈判技巧。作为猎头顾问，良好的沟通和谈判技巧至关重要。与候选人进行有效的面试和评估，与客户进行有意义的沟通，协调候选人和客户之间的期望和需求。能够引导和影响各方，以达成招聘目标。

（6）保持专业和保密。作为猎头顾问，遵循职业道德和保密原则非常重要。处理候选人和客户的信息时，确保保密性和机密性。同时，以专业的态度和行为来处理与候选人和客户的关系，树立良好的声誉和信誉。

（7）持续学习和发展。招聘领域不断变化和发展，作为猎头顾问，持续学习和自我发展至关重要。保持对行业趋势和最佳实践的了解，参加培训和专业活动，提高自身的专业知识和技能。通过掌握这些业务技巧，可以提高猎头顾问的效率和成功率，同时建立长期的合作关系，并为客户提供有价值的招聘解决方案。

（二）人力资源的猎头公司的成立

第一，自身条件。自身条件是内在因素，是创办公司必备的先决条件，主要包括四个方面：①对猎头行业的了解；②具备猎头业务的操作能力；③经营企业的运作能力，包括项目的操作能力、资金的融进能力及人才的留用能力；④对相关法律、法规、政策的熟悉程度。

第二，社会条件。除了自身条件，社会大环境的需求亦是猎头创业者应谨慎考虑的内容。社会有需要，市场才会有需求。因此，做好市场调查，掌握社会条件是创业必备的重要内容。猎头行业市场主要由三个方面来组成：①公司；②经营公司的人员；③消费者。

第三，行业条件。行业主管部门的支持，对猎头业务的开展极为重要。一个区域对猎头业务的认识都有先有后，一个区域的行业主管部门能否允许开展此项业务，更是决定此业务能否顺利开展的重要条件。因此，取得政府的许可和支持当为重中之重，至少要做到三点：获得政府主管部门对猎头业务的认可；申请《人才中介许可证》；尽可能得到政府相关优惠政策的支持。此外，由于猎头业务是一个涉及面较广、高级人才需求质量较高的行业，因此单靠一个领域、一个区域人才的提供是不够的。好的猎头公司或运作规范的猎头公司之间往往会联合起来，共同满足客户的需求，相互提供人才，实现信息互助，利润共享，从而达到联合运作、互利共赢的效果。

第四，运作条件。根据目前猎头公司业务开展的情况来看，猎头公司必备的运作条件包括行业许可证、人才数据库、猎头经验、猎头顾问、猎头专员、专兼职猎手等，这些是保障猎头公司能够正常运营和保持竞争力的必备因素。

二、猎头服务操作流程

第一，客户需求。为了对客户的企业文化、历史、产品、管理风格有透彻的了解，猎头要与客户进行充分、有效的沟通，了解客户现状、老板情况、顶头上司等资料，并与客户共同对空缺岗位进行分析，总结该岗位的职责、任职资格、具体工作要求、聘用条件及相应的薪酬福利等。特别注意的是，猎头公司一定要根据所了解的情况，在客观分析客户需求和自身掌握资源情况的基础上，和客户商量签订委托协议，只有完成"谈判签约"这一步，才能正式进行合作。

第二，人才搜寻。根据猎头对客户所处行业的深刻认识，结合岗位的具体要求，为每一个空缺岗位制定详细的搜寻方案，向委托单位提供寻访计划书，在得到客户认可的前提下，依据搜寻方案，利用猎头庞大的候选人数据库、与各行业有关机构及人才的网络关系，凭借专门的技巧，与每一位潜在的候选人进行接触。人才搜寻的步骤包括制定方案、搜寻目标人才、目标调查、目标评估。人才搜寻的方式主要有横向搜寻、纵向搜寻、圆形搜寻和曲线搜寻四种①。

第三，人才建库。一个好的猎头公司要建立自己的人才库，人才库内人才数量的多少是一个猎头公司实力的体现。猎头公司对于信息资源的收集，大多通过以下七个渠道来完成：①留意各种新闻媒体上有关高级人才的信息；②派出嗅觉敏锐的"猎手"参加各种大型商务活动或社交活动；③与公司驻外工作站、外地猎头公司建立业务联系，实行资源互补；④积极接受高级人才上门登记、上网登记；⑤发展内线，建立一支兼职猎手搜索队；⑥对人才集中的地方，通过内外交易或合作的形式，把资源弄到手，如高校、研究所（院）、各行业协会、学会等；⑦全力收集已具有 5 年以上工作经验的高级人才的信息。

第四，筛选游说。筛选游说是关系到猎头能否说服目标人物跳槽的关键一步，分为筛选和游说两步。①对所有接触到的候选人信息进行分析、过滤，包括候选人的岗位现状、沟通能力、离职的可能性与动机、薪酬水准等，筛选出基本符合要求的候选人。②筛选出合适的数位候选人后，将他们的材料送交客户，由客户考虑是否面试，如果客户感兴趣，猎头才能开始游说。游说从情、理、利三个角度展开，努力做到动之以情、晓之以理、诱之以利。

第五，面试交谈。面试是客户和目标人才直接见面并最终决定整个猎头服务成功与否的一步。猎头要指导目标人才参与面试过程，同时与客户协商安排面试。面试时要依据专为此岗位编制的测评指标对候选人进行考查，主要评测候选人的性格、管理能力、专业知识与技巧、工作成就、长处与不足、离职原因等，对候选人进行综合评价。如果面试一次，沟通不足，猎头要积极从中协调，再找时间组织复试或者再次沟通。

第六，薪酬谈判与试用。经过面试，客户对目标人才感兴趣，目标人才也愿意跳槽。此时，猎头要做的工作就是协助薪酬谈判。猎头要帮助客户和目标人才了解薪酬福利待遇的市场价格，确定合理的薪酬福利定位；要代表客户与目标人才进行薪酬方面的沟通；根据目标人才的个性特点，帮助客户制定或调整个性化的薪酬福利方式；同时也要帮助目标

---

① 横向搜寻是指从客户的同行业中去挑选和物色目标人选；纵向搜寻是指在不同行业的相同职业中去搜寻目标；圆形搜寻是指找到某一点（个人），再由这一点（个人）打开他的交际圈进行搜寻；曲线搜寻是一种跨行业、跨职业的搜寻，漫天撒网。

人才分析薪酬待遇的市场趋势和利害关系。通过以上工作，满足客户和目标人才双方的需要，实现共赢。薪酬谈判成功后，经客户和目标人才的双方确认，目标人才可先到客户所在机构或企业进行适应性试用。试用后，双方满意，猎头要协助双方签订聘用合同，履行正式聘用手续。

第七，费用结算。按猎头公司和客户签订的合同，猎头公司向客户结算费用，收取合同约定的报酬。猎头公司的收费模式主要有四种：①按寻访对象年薪的 1/3 至 1/4 为标准收取，此年薪应包括其一年的基本薪资、奖金（含红包、提成等）、相关福利金等，这也是目前最为普遍的收费方式。②部分猎头公司除规定收费标准外，还限定一个最低额，即服务费按搜寻人员年薪的 1/3 为收费标准，一旦此值小于最低限额时，以最低限额为标准进行收费。③按固定费用收取，委托时经双方协商确定。④基本服务费加附加费，即在委托约定时，除规定固定服务费，同时约定由客户承担面试、差旅等费用，多在跨地域寻访时采用。

第八，后续服务。猎头公司在完成客户委托的搜寻任务后，猎头服务并不就此结束，猎头公司要专门为此次服务建立一个档案，内容包括：服务协议书、客户提供的资料、候选人的资料报告、评价报告书、访谈报告书、双方交流的函件和项目总结等。此外，猎头还需提供一些后续服务。优质的后续服务自始至终贯穿于整个业务的运作过程及日常工作中。后续服务主要包括：了解客户在使用过程中对目标人才的综合评价及对猎头服务的意见和建议；了解目标人才在岗位上的适应情况和工作表现，帮助其尽快适应新岗位的要求，同时还要协助其处理好与原单位的关系。

三、人力资源的猎头服务趋势

随着经济社会的不断发展，人才的竞争日益激烈，猎头公司具有非常好的发展前景，同时，猎头服务的服务内容也跟随时代的进步不断发生变化，向人力资源管理专业化和深层次扩张，目的是更好地满足客户的市场需要，在激烈的市场竞争中发展壮大。

（一）网络猎头突飞猛进

随着网络信息技术的发展，网络应用相当便捷，猎头公司迎来了契合信息技术发展的机遇。计算机网络技术的发展使得猎头公司能够建立全面的人才数据库和管理信息系统，对人力资源管理和使用方面的信息进行全面、准确和快速的整合，大大提高了人力资源相关的查询、招聘、资料分析、人才测评、岗位匹配等工作的效率。适合中国国情的猎头式招聘网站也开始纷纷出现，不少网站已经在招聘市场中越来越有影响力，比如猎聘网。

(二) 猎头服务模式创新

猎头作为一种高端的人才招聘模式，行业的创新能力并不强，最初的模式较为单一，行业变化度不高。但随着社交化网络媒体和移动互联网的兴起，除了本身从事猎头行业的人，大量没有猎头经验的人也开始盯上这个行业。这样一来，各种技术和方式方法的融合，使得行业创新能力被大大激发。许多猎头开始摆脱传统操作手法，高端人才招聘的新模式就产生了。如微博招聘、微信招聘等媒体猎头招聘就是时下流行的一种新模式。

此外，随着智能手机的发展，手机 App 猎头业务也快速发展。虽然这些模式都还没有形成大气候，但已经开始改变企业人力资源从业者和猎头们的思想和看法，认可度不断提高。

(三) 猎头服务专业化加强

随着猎头服务业的快速发展，竞争越来越激烈，客户对猎头行业也有一定了解，要求也越来越高。客户在选择猎头公司时，往往要求他们对所在行业有较深的了解，具有成功案例更是成为一个重要的考量维度，猎头公司必须适应这种趋势，提升专业化能力。许多猎头公司专门针对某一个或几个行业进行深入挖掘，掌握一个或几个行业丰富的人力资源，一方面很好地提升猎头公司的品牌；另一方面也与客户、高级人才拉近距离，建立较好的关系，提高搜寻高级人才的成功率。

(四) 猎头公司业务多元化

猎头服务是一个高度依赖于人（猎头顾问）的行业，猎头公司要保持竞争力，扩大市场份额，就必须选择多元化的道路。除了传统猎头业务，可以开展人事外包、劳务外包、管理咨询等业务。此外，业务的多元化还包括猎头公司与顾问之间合作方式的多元化。猎头公司人员流动快，猎头公司门槛低决定了猎头公司对顾问的管理应该进行多变化。目前，在不少大的猎头公司执行的合伙人制是一个创新的方式，共享共赢。今后也还需要不断加强顶层设计和创新，带动行业的发展。

(五) 猎头行业兼并及收购

随着经济社会的持续发展，全球化现象越来越明显，行业间的兼并收购也将变得越来越频繁。猎头行业的兼并收购主要表现在三个方面：一是大的品牌猎头公司收购小型的、区域性的、专业性的猎头公司。大的猎头公司有品牌、团队运作等优势，经常会收购某个本身不擅长或者缺乏积累和影响力的区域或行业猎头公司；二是国际猎头公司进军中国市场，收购在国内运作比较成熟的猎头公司，迅速打开中国市场，发挥国际大公司的本土化优势；三是国际或国内知名猎头公司，花费巨额费用招聘人才，在储蓄相当多的人力资源后，纷纷成立公司猎头部，为自己的公司专门去猎聘各种人才，收购已经给他们服务过的猎头公司或把猎头顾问挖过来，这方面的趋势目前有扩大化倾向。

四、人力资源公司猎头服务体系优化

（一）人力资源公司猎头服务的环境

1. 宏观环境

猎头行业的发展与大环境的状态息息相关。当政治法律环境宽松、经济发展较快、社会稳定和技术革新时，企业对各类人才的需求会快速增加，需求的增加会推动人力资源行业的快速发展。通过研究大环境来判断猎头行业的下一步发展趋势，对猎头公司非常重要，可以让猎头公司找到进步的方向，减少投资失误，推动公司更快发展。

（1）政治法律分析。国家政府和地方政府不断出台和实施针对猎头行业的有利政策和法律法规，表明了国家和地方对猎头行业的发展趋势的整体看好，支持力度的不断加强。猎头公司可在该服务规范的基础上，将公司内部的服务项目方式、服务规范、服务流程、服务质量等多方面进行比对和变更，解决公司的服务标准不规范的问题。

政府对人力资源行业的发展提供了大量的支持手段，主要包括以下三个方面：①大力加强人力资源产业园建设，促进人才机构集聚发展。②鼓励中介机构开展人才服务。通过设立专项资金、荣誉评比、举办大型交流活动等方式助力中介机构发展。③提升中介机构人才服务质量。

（2）经济因素。经济因素通常包括经济周期、银行存款或贷款利率、货币供给政策的松紧度、通货膨胀率或紧缩率、整体就业率或失业率。对猎头行业而言，经济周期至关重要。经济的繁荣昌盛为各行各业带来了普遍性机遇，导致很多企业扩大经营范围或追加投资，企业规模的增长导致现有人才无法完全满足企业扩张的需求，而猎头行业的业务也会水涨船高。猎头公司的业务量也会受其影响而大概率地出现正向增长。

（3）社会因素。从社会的角度来看，随着经济的改革开放和组织机构的体制改革，人们的就业观念得到了极大的改观。随着人力资源行业的逐步发展和正规化，社会各阶层人士对人力资源公司都有了不同程度的认知。近些年可以明显感受得到的是，当企业需要人力资源服务时，老板和人力资源会考虑到去寻找合适的人力资源公司帮助企业解决人才问题。而当部分中高端人才在寻找新的机会时，也会考虑将简历委托给专业的猎头公司。改革不仅带来人才潜能的释放，也让人才为企业创造了更多的价值，企业也为社会创造了更多的财富。同时，社会的开放和体制改革也让企业有了更多的自主经营权和机会。从结果来看，人才的流动性增强和企业经营机会的增加带来了就业的增长和人才需求的旺盛，猎头公司的业务受其影响，同样有增长的机会。

（4）技术因素。大量人才需求的产生得益于高科技领域新兴技术的爆发。猎头公司收到的来电咨询和洽谈猎头业务的公司数量明显增多，且多是互联网和新兴高科技产业领域，明显感受到了猎头市场的行业需求的转变。

高科技高速发展时期，技术的革新推动了企业对高端人才的需求，也推动了猎头行业的拓展空间。很多猎头公司已经实现了智能筛选候选人简历、智能面试等功能。而各类人力资源云系统、人力资源小程序的兴起对猎头行业起到了资源整合、信息获取和技术支持提升作用。求职招聘平台中，除了传统的求职网站，专门的求职网站如猎聘网、猎上网等，颠覆了传统猎头的接单和做单模式，打通了企业和猎头公司的交易壁垒，提高了交付效率。

总之，通过对宏观环境的分析可以看到，猎头行业已经拥有了一定规模的市场，并有很大的发展潜力。人力资源公司选择进入猎头行业发展的市场机会比较充分。

（5）行业环境分析。第一，新进入者力量分析。行业的入门门槛和新进入者对现有企业的预判决定了新进入者威胁程度。行业入门门槛低、新进入者认为现有企业不会报复，则新进入者威胁较大，行业获利则较低。根据猎头行业的入门门槛较低、知识密集程度高的特性，新进入猎头行业者主要是以下类型：①新进入中国市场的外资猎头公司。通常以建立办事处或者收购国内猎头公司的形式进入中国猎头市场。由于其品牌效应和成熟的内部管理机制，对市场冲击较大。②从原猎头公司跳槽后成立新猎头公司的猎头顾问。猎头行业由于知识密集程度高，很多掌握了猎头行业知识和一定资源的猎头顾问常常选择退出原猎头公司后，组建自己的猎头公司。③熟悉人才需求而成立猎头公司的原招聘方的人力资源管理者。猎头行业由于入门门槛低，很多掌握了人才资源和猎头业务流程的原招聘方人事管理人员会选择成立自己的猎头公司。但由于服务意识差和对猎头业务熟悉度不高，该类公司往往处于勉强生存状态。

第二，供方力量分析。猎头行业的供方力量是指人才资源的提供者，即人才的提供渠道，包括人才所在的企业、高等院校、人才网站、商业协会等。由于人才提供方加强了对人才的保护，所以供方的谈判能力开始增强。因此，猎头公司面临着搜寻人才难度的增加和猎取人才成本增长的局面。

第三，买方力量分析。猎头行业的买方力量是指有人才需求并经由猎头公司代为招聘的企业，即猎头公司的客户，以合资企业和外企居多。但随着经营理念和经济实力的提升，民营企业开始从价值链的低端市场向中高端市场转移。现有的企业人才已经不能完全满足其需求。因此，民营企业与猎头公司的合作也是大势所趋。

国内大型公司倾向于自主招聘中层人才，高层人才则由猎头公司代为招聘，但对猎头公司的服务费用控制得更为严格，其对人才的吸引力也不如外企大。国企则基本上不使用猎头服务，其中高层人才多由组织任命或选举。

随着中国民营企业的发展，国内中小型企业对人才的需求量也开始逐年递增，其对国内猎头公司尤其是中小型猎头公司的贡献也在不断提升。由于猎头行业的激烈竞争，猎头服务的买方即客户有了较大的议价能力：①订单量大，猎头服务费用打折或获得有利条款；②猎头公司通过与知名外企合作提高其声誉而主动降价；③买方通过转换合作方，降低猎取人才成本（由于猎头公司取消了预付款，买方与新猎头公司合作无转移成本）。

现实情况是客户就同一职位或同一批职位与多家猎头公司合作，导致猎头公司与同职位竞争者产生激烈的竞争，客户从中渔翁得利。

第四，替代品力量分析。替代品通常是以不同的形式发挥着类似或相同的作用的产品或服务。对猎头行业而言，替代品包括企业的自主招聘、RPO① 方式、招聘类专业网站、传统的报纸杂志招聘广告、中高级人才现场招聘会、电视广告招聘、广播招聘等，会对猎头市场有一定的影响。企业招聘人才通常是先从企业已有的渠道和资源去搜寻，没找到或时间特别紧迫，企业才会与猎头公司合作。企业自主招聘的成本未必比猎头服务费用低。企业会比较自主招聘费用和猎头服务费用后，决定是否委托给猎头公司。

第五，现有竞争对手间竞争的关键要素。

①能力战。猎头业务是典型的知识密集型业务。公司能力体现在猎头顾问的个人能力和公司对猎头顾问个人能力的整合力。猎头公司应该以猎头顾问个人能力和团队能力建设为主。

②关系战。猎头业务是关系型业务。关系战主要体现在开发新客户、合同条款的利弊、委托职位的获得时间、客户需求的理解度和客户的反馈速度等方面的竞争优势。

③价格战。中国的猎头服务收费标准差别极大，除了极少数外资企业客户愿意以猎头

① RPO（Recruitment Process Outsourcing，招聘流程外包）是一种以客户为导向、以项目为建制的招聘解决方案服务，是着眼于公司在较长的招聘周期内大规模招聘需求提供的定制化解决方案。

招聘流程外包（RPO）服务属于人力资源外包（HRO）的一种方式，在这种服务中，企业外包的是内部招聘的整个流程。所谓整个流程是指从确定职位描述，到分析用人理念、职位需求、与用人部门负责人沟通、筛选简历、人才测评、面试、录用通知，直至候选人报到的所有环节。招聘流程外包（RPO）是指一个企业将整个招聘流程交付外部机构来完成，它涉及从人力发掘到最后的招聘录取工作的方方面面，是个集成化的过程。

市场上的高价格来获取优质的猎头服务，绝大多数客户企业都在不断地压低猎头公司的服务价格，同时希望得到更好的服务，即追求性价比。短期来看，该行为可以提升猎头行业的一些服务质量；但长期来看，最终会导致猎头行业从知识密集型产业渐变为劳动密集型产业。原因在于，不断被压低的猎头服务价格导致猎头公司利润下降，猎头公司为求生存而不断降低从业人员的薪水，从而失去高素质从业人员的加入，最终导致猎头行业的恶性价格竞争局面。

④速度战。根据猎头公司的"先到先得"的行业惯例，两家或以上的公司推荐同一个人选到同一家企业，先提交推荐人选的猎头公司属于有效推荐，能收到猎头服务费用；后提交推荐人选的猎头公司则属于无效推荐，收不到任何费用。由此可见，猎头行业是猎头公司之间的速度之争，尤其在中低端职位上体现得更为明显。比较而言，理解职位需求准确、人选资源丰富、猎头顾问个人能力强的猎头公司更能获得速度战中的竞争优势。

⑤售后服务战。猎头公司的售后服务主要是指猎头公司通过对人选的管理，保证人选入职后能安全度过试用期而不离职。试用期视职位而定，通常是三个月，高级职位则是半年。如果人选在试用期内离职，猎头公司或在双方议定的期限内补进合适人选，或退还一定比例的费用。所以，优异的猎头公司也在不断加强人选入职后的定期回访和心理疏导。

2. 内部环境

企业的内部环境主要包括企业的资源、能力等要素，也称为企业内部条件。企业资源通常分为有形资源和无形资源。企业内部环境分析主要用于根据企业历史和当前状况，确认企业自身的优势和劣势。它能够指导企业制定有效战略，合理使用企业资源，发挥出企业内部优势，避开或补足企业内部劣势，从而扬长避短，引导企业在市场上取得竞争优势。

（1）有形资源分析。企业的有形资源是指能用货币直接计量的可见资源，主要包括企业的物质和财务资源。物质资源是指企业的工厂厂房、企业用地、生产原材料、生产设施等。财务资源是指企业内用于生产或投资的资金。

（2）无形资源分析。企业的无形资源是指企业内的生产技术、专利权、知识、企业文化、关系、名誉等资源。无形资源存在于企业的人力资源、组织架构、团队、内部管理、职能、项目等不同层次中。

第一，人力资源。员工是猎头公司宝贵的人力资源。

第二，人才数据库。猎头公司采用由专业公司开发的人才数据库和电子工作平台。

第三，内部管理。任何一个组织都必须拥有与之相适应的管理规章制度来规范其运营。企业的内部管理是指组织、计划、激励、人事和控制五个职能领域。猎头公司每名高级顾问负责几个擅长的行业领域，每个职位的工作职责和考核标准都比较明确。猎头公司实践较多的是计划和控制两个职能领域。其中，公司在计划职能领域形成了以年度、季度、月度和周为单位的计划体系。

（3）核心能力分析。企业的核心能力是指企业形成竞争优势的主要流程或活动。核心能力创造了企业强于竞争对手而满足客户需求的能力。核心能力具有难模仿、独特性、价值性、无可替代的特点。

根据核心能力的以上特性，猎头公司的核心能力是人选的交付能力，包括理解和分析客户需求、快速寻访人才、快速筛选和准确评估人才、影响客户和人选。

第一，理解和分析客户需求的能力。猎头公司收到客户委托的职位后，首要工作就是理解和分析客户的实际需求，猎头公司主要通过以下几个方面来理解和分析客户的实际需求：①正式合作前，公司在了解到客户的人才需求信息后，根据公司内已经形成的《客户分析报告》，包括客户的基本情况（企业性质、所属行业、产品特性、企业规模、经营状况、组织架构等）、人才地图（客户的主要岗位的人才分布和基本情况）、企业文化、人才流动近况、薪资构成等来分析和判断客户的实际需求。②正式合作中，猎头顾问会逐渐完善该《客户分析报告》，并保管为理解和分析客户需求的重要资料。猎头公司不仅和客户的人力资源部门保持紧密联系，还通过客户的需求职位的管理人员、平行同事、下属员工和前员工等多方采集信息，并录入《客户分析报告》中。猎头公司通过以上工作，综合分析和判断出客户职位的真正需求信息。

第二，快速寻访人才的能力。对候选人的搜寻是一个极其基础但非常重要的工作，它直接影响到候选人的质量，甚至是猎头的成败。客户委托给猎头公司相应的职位后，猎头公司应该已有或去搜寻相应的人选资源，提交至客户。因此，快速寻访人才的能力是猎头公司的核心业务能力之一。另外，猎头公司的人才寻访员会在负责该项目的猎头顾问的指导下，按照人才寻访计划工作。项目顾问也兼做人才寻访工作。猎头公司会先对人才寻访员进行人才寻访的理论培训，并指导其实践，提高其快速寻访人才的能力。

第三，快速筛选和准确评估人才的能力。猎头公司的快速筛选和准确评估人才的能力是保证双方持续合作的基础。猎头公司对人才的快速筛选和准确评估分为三步：人才寻访员的初筛、猎头顾问的评估、背景调查。

第四，影响客户和人选的能力。影响和引导客户及人选是猎头工作流程中的重要一环，不可或缺。此影响是指正面影响，非负面影响；此引导是指正确引导，并非只对猎头公司有利的引导。猎头公司的猎头顾问是通过倾听的方式了解到客户和人选的自述信息；通过提问的方式了解到客户和人选的与猎头业务相关的重要信息；综合以上信息，通过适当的技巧施加影响力，促成双方的合作。

（二）猎头行业现状及发展分析

1. 资本化

猎头行业的资本化发展是指该行业在资本市场中的蓬勃发展和与资本相关的各种活动。如今，猎头行业在全球范围内经历了显著的增长和变化，资本化的趋势也在其中扮演着重要的角色。以下是猎头行业资本化发展的几个方面。

（1）投资和并购。猎头公司成为投资者和企业并购交易的热门对象。投资者看好猎头行业的潜力，愿意为优秀的猎头公司提供资金支持，以扩大其规模和业务。此外，一些大型企业也通过收购或合并猎头公司来增强其招聘和人才管理能力。

（2）创新技术的应用。猎头行业开始采用创新技术，如人工智能、大数据分析和机器学习等，来改进招聘和人才管理流程。这些技术的应用可以提高效率、减少成本，并提供更准确的人才匹配和预测。

（3）资本市场进入。一些知名的猎头公司选择通过上市或借助私募股权投资等方式进入资本市场。这样的举措可以为猎头公司提供更多的资金来源，并增加其在市场中的知名度和竞争力。

（4）业务多元化。猎头公司开始扩展其业务范围，不仅仅提供传统的高级管理层和专业人士的招聘服务，还涉足其他领域，如人才咨询、领导力发展和组织变革等。这样的多元化战略可以为猎头公司带来更广阔的市场机会和收入来源。

（5）全球化趋势。随着全球化的加深，猎头行业也在不断扩展其国际业务。国际猎头公司逐渐崛起，跨国企业的人才需求也日益增长。资本的介入为猎头公司提供了更多的机会，以在全球范围内开展业务，并满足客户的跨国招聘需求。

总之，猎头行业的资本化发展推动了其规模和影响力的扩大，同时也加速了行业的竞争和创新。这种趋势在未来可能会继续，随着技术的进一步发展和全球经济的变化，猎头行业将面临更多机遇和挑战。

2. 信息化

科技信息和各个行业的嫁接都将重新定义一个行业，当科技信息作用于人力资源的时候作用也非常明显。在竞争环节，信息化已经成为一家猎头公司效率的重要衡量指标。信息化的猎头公司意味着拥有更多数据与更快的响应速度。在人力资源端，信息化人力资源管理已经成为很多集团公司的标配。而在与猎头公司的合作中，人力资源系统和猎头公司系统已经开启了无缝对接，猎头公司可以直接登录自己的系统查看客户端开放的职位，省略了和客户沟通交流的环节，提高了做单效率。

3. 多产品

以猎头为起点，公司如何从"小而美"突围，是困扰很多猎头公司的点。中国的猎头公司众多，但绝大部分的猎头公司还是少于 50 人的。表现在竞争层面，猎头公司的竞争已经发展为从点到面到立体的竞争。以猎头为切入点提供给人力资源更多的增值服务或者一揽子服务才能在客户心目中占据主导地位。

4. 产业结合

经济产业的发展升级，推动了职业经理人群体的迅速壮大。企业对于中高层人才的要求越来越精准，这就要求猎头行业越来越专注。在每个职位和职级上，都要下苦功夫并研究行业特点、竞品动态、职位需求，将每个职位的匹配做到最佳。

另外，产学研的发展也导致高端人才需求不断升级。如何获取高端候选人的信任并推荐到企业中去，要求猎头公司本身具有很深的专业知识。猎头公司的粗放经营模式越来越跟不上经营发展。研究产业升级现状，发现新的行业机会、尽早建立起公司在新的产业中的寻猎优势和人才积累是猎头公司长期赢得竞争的关键。

5. 品牌化

外资猎头公司进入中国以后，通过专业化运作和前瞻优势早早地树立起品牌优势。品牌作用于猎头公司有几个明显的功能：①雇主品牌，有助于猎头公司吸引和招募优秀合伙人和顾问，壮大公司规模；②客户知名度，有助于商务拓展工作的推进；③溢价，品牌有助于在和公司谈判的时候签订高的费率，另外也能给公众正面的认知；④专业度，品牌有助于打造专业的猎头公司形象，塑造对客户和候选人群体的认知。可以看到，越来越多的猎头公司兴建起自己的品牌部或者市场部，以往埋头做单、关灯吃面的情况得到改善。

（三）人力资源公司猎头服务体系的优化方案设计

1. 服务体系优化的目标

人力资源公司决定通过借鉴流程再造理论、国内外猎头相关文献材料与咨询专家对公司的猎头服务体系进行全面的再造与优化。人力资源公司猎头服务体系优化的目标是建立一套能够为客户提供更精准、更快捷的猎头服务的服务体系。通过新服务体系的建立与运转，在解决人力资源公司当前猎头服务中存在的问题的同时，为猎头业务更好地开展提供更有力的支持。

2. 服务体系优化的原则

人力资源公司服务体系优化的原则是以客户为中心、以精准和高效为标准、服务体系标准化、团队协作一体化。

（1）以客户为中心

第一，让客户更满意。客户的满意度决定了猎头服务水平的高低。与其他行业不同的是，猎头公司的客户包含了企业和候选人两个方面。企业客户满意度高了，会不断加深同猎头公司的合作，甚至会介绍新客户；候选人满意度高了，会更加认可猎头公司，更愿意在后期接受猎头公司推荐的其他岗位，也会向猎头公司推荐其他候选人资源。人力资源公司猎头服务体系的优化应当把以客户为中心放在首位，客户满意度的高低是评价服务体系优劣的唯一准绳。

第二，站在企业客户角度进行分析。企业客户是猎头公司的甲方，向猎头公司支付高额的人才寻访费用。每个企业都是不同的，每个企业的需求也都是不同的。为了让企业客户更满意，加深跟企业客户的沟通，对企业客户的需求进行更细致的分析，并针对性开展猎头工作是极为必要的。

第三，站在候选人角度进行分析。在猎头的整个服务中，候选人是决定猎头服务是否能够成功的关键因素。猎头服务用一句话概括就是找到一个符合甲方企业需求并愿意去甲方企业工作的候选人。

猎头服务的候选人多为企业的中高层高管。这些人中的大部分，生活阅历比较丰富，受到过比较好的教育，有着比较完整的世界观，能够冷静、独立分析与评判事物的好坏。

在猎头服务过程中，如果不能站在候选人角度进行分析，就很难评判所推荐的岗位是否对候选人有足够的吸引力，也很难评估候选人到甲方企业上班后，能否适应甲方企业的企业文化与工作氛围。

（2）以精准和高效为标准。虽然每个企业客户的需求都是有差异的，但是每个购买猎头服务的企业客户都希望猎头公司能够更快地、更精准地提供匹配企业岗位需求的候选人。

企业在购买猎头服务时，大部分会找多家猎头公司同时开展猎头服务，哪家猎头公司先推荐成功候选人，就向哪家猎头公司支付猎头费。因此，是否足够精准与高效是决定人力资源公司在同其他猎头公司的竞争中能否胜出的关键因素。让猎头服务更加精准与高效是人力资源公司长远的追求。

（3）服务体系标准化。服务体系标准化是保障猎头服务高品质的必要条件。对于猎头公司来说，每个猎头顾问的工作方式和工作习惯都是有差异的；新入行不久的猎头顾问与经验丰富的猎头顾问对客户的沟通、行业的了解、猎头技巧的熟练程度等，也存在着一定的差距。将服务体系中的一些流程进行标准化，有利于减少猎头顾问素质良莠不齐对猎头服务的影响，有利于形成猎头服务标准的规范化，有利于让客户更能信服猎头公司的专业性。

（4）团队协作一体化。①集中力量。猎头服务决定着一个猎头团队当年业绩的好坏，为了让猎头服务成功率更高，猎头人员根据行业、岗位等特点组建小团队开展团队协作是很有必要的。②走流程化、去职能化。职能化的工作划分容易产生职能壁垒，并会让员工互相推诿责任，最终会影响猎头服务的高效。以客户为中心、以成单为目标的流程化工作体系有利于更加高效地整合团队力量，加深团队成员间的理解与认可，提高团队成员的凝聚力并充分发挥团队协作能力。

3. 服务体系优化方案

（1）重塑业务流程。为了改变猎头服务体系的不足之处，人力资源公司可咨询行业内的众多专家，并参考众多的资料，对当前的猎头业务模式进行重构，构建主动关注模式的新型猎头服务体系。从客户因为人才缺口而产生的招聘需求而向猎头顾问咨询业务，转变为提前预判客户的人才需求并主动向客户推荐公司猎聘业务。从被动地接到订单后再用各类方式去找人，变化为获得优秀的人才后再根据人才情况主动地向客户推销符合客户期望的人才。以期达到候选人重复利用率高、候选人推荐速度更快、候选人更匹配的效果。

主动专注模式的猎头服务体系主要是对行业、地域、级别的筛选与专注，能让猎头公司在重复利用候选人的同时，为企业提供更快更好的服务。与传统的获得订单再去找候选人的主动专注猎头服务模式相比，把候选人资源作为核心资源并根据候选人动向与企业潜在需求去促成订单的主动专注模式，无疑更加高效更加快捷。人力资源公司重构后的主动专注猎头服务体系同样包含了五大模块。

第一，预测需求。通过对地区经济发展、高新技术发展、目标人才分布等的分析，人力资源公司对某些行业、某些地域企业客户对高端人才的需求进行预测和判断，并推动猎头顾问根据团队情况，选择团队深耕的行业、区域与岗位类别、岗位级别，以达到专注某一领域的目的。

新兴行业的发展往往蕴含着更多的机会，也对人才更加渴求。人工智能、芯片技术、大数据等高科技行业公司往往能开出百万以上的年薪来聘请人才。人力资源公司可根据地方特色与公司特点，选择自己重点发展的行业与岗位。

第二，积累候选人资源。区别于传统主动专注模式的根据企业需求找候选人，主动专注模式下，猎头顾问在预测需求后会选定自己深耕的行业与岗位，并持之以恒地积累相应候选人资源。每位猎头顾问需要保持沟通200~600人的候选人，作为自己的专属人才库，并与每个候选人保持非常有效的沟通。

有效沟通，包含了沟通频次与沟通效果。沟通频次上，应当要求猎头顾问要跟每个候选人至少一个季度沟通一次；沟通效果上，猎头顾问应当了解候选人的近况，并让候选人感受到猎头顾问和人力资源公司对其的关注。由于人才的更迭性与人的精力有限性，猎头顾问的专属人才库的人员也需要不断去旧加新，去除旧的不合适的候选人，加入新的优秀候选人，并保持几百候选人的有效沟通。

第三，发掘需求。在有效的候选人资源支持下，猎头顾问会比较容易地发现候选人的寻求新机会的意向。猎头顾问可以根据自己的候选人资源库特点，有方向地联系有高端人才需求的企业，发掘该企业客户对高端人才的真实需求，并与之谈判、签约猎头服务。在有效的候选人资源支持下，猎头顾问和专员能够更快地向企业推荐更加匹配的人才，也就更加容易获得企业客户的订单。

第四，快速响应需求。主动专注模式下，猎头人员对行业、企业、岗位与候选人都有非常充分的了解，在进行候选人与企业的人岗配对时，效率会非常的高。与传统主动专注模式下的平均 2 周的寻访周期相比，主动专注模式能将寻访周期平均降低到 3~5 天。更加高效的人才寻访无疑会赢得企业与候选人更加的信赖，会让猎头顾问在不断成单下获得更多的企业与候选人资源，而更多的企业与候选人资源又推动了猎头业务的成长。主动专注模式可以让人才猎头服务走入良性的不断上升循环。

第五，推动候选人入职。在人才选拔成功后，猎头顾问凭借对行业、企业、候选人的深刻了解，能够很有效推动候选人入职，并帮助其快速适应新单位。而主动专注模式下，候选人通过保证期只是下一个猎头服务阶段的开始，猎头顾问关注候选人的成长与变化并在一段时间后推荐他去更好的岗位。

在猎头服务体系流程重构后，人力资源公司需要对主动专注模式下猎头服务技术进行重新设计和优化，以保证主动专注模式的转型成功。猎头服务技术的优化主要从人才寻访优化、岗位分析优化、人才选拔优化、候选人沟通优化完善客户回访机制等方面展开。

（2）人才寻访优化。

第一，人才寻访渠道的丰富。人力资源公司可通过咨询专家、信息收集等对人才寻访渠道进行优化和丰富。主要措施如下：拓宽网络寻访渠道和完善网络寻访体系，依托各类组织平台拓宽寻访渠道，通过发展现有人脉来进一步扩展人脉。

第二，公司人才库的优化。人力资源公司在获得各类人才资源信息的同时，也需要保持对自己的人才库进行不断的优化。例如，管理办法对猎头顾问导入和维护的简历提出了新的要求，要求简历要新、准、全。

"新"是指候选人的最新工作履历和动态要更新到近两年之内，如果是一个 3 年前的简历，候选人的工作岗位、公司都有了改变，简历就丧失了新的特点。

"准"是指候选人的所有信息要准确无误，尤其是候选人的工作履历和联系方式。现在很多招聘网站下载的简历中的联系方式都是虚拟号，猎头顾问需要想法获得候选人个人的手机号等联系方式。

"全"是指候选人的简历上的信息要全面，不仅要包含个人信息、工作履历、学历与技能信息，还要包含项目经历、爱好等。

第三，鼓励员工拓展社交渠道并提供平台支持。①鼓励猎头顾问通过加入各类协会、商会等组织结交人脉。积极参加组织活动、结识各类人才资源对猎头公司开展猎头服务帮助很大。例如，为了鼓励猎头顾问积极加入各类组织，人力资源公司在帮助牵线搭桥的同时，也在薪酬福利制度里规定了组织活动补贴的项目。②鼓励猎头顾问通过商务交友软件结交人脉。在移动互联网时代，涌现了一批主打商务交友的 App。商务 App 拉近了企业主、猎头顾问与人才资源的距离，使商务交际变得更加容易。

第四，鼓励员工参加工商管理教育等高素质人才培养学习。参加以工商管理教育为代表的高素质、高层次人才培养既能全面提高猎头人员的素质，也能使猎头人员通过同学的纽带结识大量的高素质人才。例如，人力资源公司为了调动员工报考工商管理的积极性，制定了学费报销制度。为了帮助猎头人员快速融入工商管理同学集体，人力资源公司还制定了为员工同学聚会、学校活动等提供小礼品赞助、经费赞助等制度。

（3）岗位分析优化。

第一，岗位需求分析优化。优秀的岗位需求分析优化是保障猎头服务精准、高效的基本条件。只有明白了企业是个什么样的企业，企业想要一个什么样的候选人，才能有的放矢地开展猎头人才寻访工作。好的岗位需求分析不但能大大降低候选人搜寻的范围，还能让猎头顾问更加专业地与候选人进行良好的沟通，更轻易地开展人才选拔工作。毕竟所有的候选人都希望跟自己对接的猎头顾问是非常专业的，是对应聘岗位极为熟悉的；也只有明确需求，才能更加容易找到对的人。例如，通过咨询行业内的专家，并经过公司内多名猎头顾问的讨论，人力资源公司制定了标准的《岗位需求分析模版》，并要求公司内所有的猎头顾问在进行岗位需求分析时，依照此表进行信息的搜集。

第二，人才画像分析优化。进行完岗位需求分析以后，猎头顾问需要对要寻访的候选人进行一个人才画像分析，这有助于猎头顾问进一步明确需要找个什么样的候选人。例如，通过咨询行业内的专家，并经过公司内多名猎头岗位的讨论，人力资源公司制定了《人才画像分析表》。相比于往常的人才画像关注重点在年龄、学历与工作经验，优化后的《人才画像分析表》增加了人才的性格、态度、动机等方面的要求。

（4）人才选拔优化。人才选拔优化主要是从提高猎头人员的面试选拔水平、加强候选人的面试辅导、加强候选人背景调查等方面展开。

第一，提高猎头人员的面试选拔水平。在向企业客户提供候选人简历与推荐报告以前，猎头人员需要对候选人进行面试并形成推荐报告。为了提高猎头顾问的面试水平，规范猎头顾问的面试行为，人力公司在开展面试培训的同时，用以系统性地指导猎头进行面试工作。

第二，加强候选人的面试辅导。面试是一项技术。有很多优秀的候选人会因为不能良好地表达和展现自己，而被面试官评价不高。为了让候选人在参加面试时，不因发挥不好而错失机会，人力资源公司决定加强猎头顾问对候选人的面试辅导工作。面试辅导要求猎头顾问针对候选人和岗位特点，帮助候选人全面了解岗位的职责、岗位在企业的战略意图、岗位所在企业的情况、岗位的上级与下级等信息，并进行一定的面试练习。

第三，加强背景调查。背景调查通常是在候选人入职前展开。经过多轮的面试与沟通，企业对候选人非常满意；候选人也想入职企业；双方基本达成了雇佣意向。此时，人力资源公司会在获得候选人同意的情况下对候选人进行背景调查，并向企业提供调查报告。背景调查一般是对候选人近两到三份工作的岗位职责、工作表现、待遇、离职原因等进行背景调查，调查信息的咨询对象一般是企业的人事、候选人的领导与同事。甲方企业有要求的，也会对候选人的征信情况进行调查。

（5）候选人沟通优化。猎头服务主动专注模式下的人才沟通开始于跟候选人建立联系，频繁于岗位推荐阶段，终于候选人离开猎头顾问的保持联系名单。它不再是一个短期的活动，而是一个很长期的活动。

第一，沟通制度化。长久的沟通无疑能让猎头顾问对候选人更加了解。这要求让猎头顾问保持跟候选人沟通的频率，并提高猎头顾问工作的效率。在人才推荐过程中，猎头顾问要及时对候选人进行反馈。对候选人的及时反馈发生在几个项目节点后：客户浏览完猎头顾问发送的短名单后提出邀约请求或者拒绝确认；客户在面试完给出的第一反馈；客户在面试后需要时间进行内部考虑的反馈；客户再次邀请面试/终止面试的通知时；客户录用意向或者拒绝录用的通知发出时。这些重要的信息猎头不对候选人做隐瞒，目的是时刻与候选人保持互动、获取深层次的信任。

第二，资源支持政策。猎头顾问同候选人保持沟通无疑会花费一定的费用，如餐费、随手礼费用等。人力资源公司可制定猎头新人费用帮扶制度、候选人沟通随手礼支持制度，以促进猎头人员邀约候选面试沟通的积极性。符合条件的猎头新人可向公司申请报销一定标准的邀约候选人面试沟通所产生的餐费及交通费。

（6）完善客户回访机制。再好的猎头服务体系也需要猎头顾问的良好执行才能发挥应有的作用。一套运转良好的客户回访机制能够有效约束猎头顾问的服务方式，并提高顾问的服务水平。大数据、云服务等技术的普及和应用，使得猎头回访变得更加容易和方便。

人力资源公司的客户回访机制不仅面向企业也面向候选人，对候选人的回访主要是在候选人被企业客户面试结束后及入职一定时间后进行展开，主要考核猎头顾问在日常沟通、面试辅导、候选人入职协助等中的服务是否令候选人感到信任和满意。

同时，公司内部应该成立专门机构，制定完善客户回访机制和回访分析机制，监督考核猎头顾问实际服务水平，并建立健全客户回访员绩效考核制度，将满意度纳入猎头顾问的绩效考核标准，为优化公司的运营流程和客户体验提供真实参考。在公司内部，应该营造"客户第一"的公司文化氛围，增加回访人员的主观能动性，满足客户的需求、解决客户的困难，以实际行动提高客户的满意度与忠诚度。

（四）猎头服务体系优化的保障措施

1. 加强团队建设

猎头顾问的水平与团队的配合度很大程度上决定着猎头公司的服务质量和水平。为了实现公司的长远发展和保障猎头服务体系的良好运转，人力资源公司可以从人才引进、人才培养、人才激励、团队协作等方面制定一系列加强猎头团队建设的措施。具体的团队建设措施可以从以下几个方面展开。

（1）重构薪酬制度并做好员工招聘和激励。相对于大型猎头公司，人力资源公司在品牌、平台等方面对人才吸引力不大。为了在同大型企业的竞争中获得人才，制定有吸引力的薪酬制度非常重要。人力资源公司设计新的薪酬制度，原则上是对于新员工保持高底薪，对于老员工则推进高绩效低底薪＋合伙人制度。对于初入行的新员工来说，第一年往往很难取得较好的业绩。为其提供高底薪可以吸引高素质新员工加入并保障他们未来入职一年内的收入，以解决他们的后顾之忧。而高绩效低底薪则是用来区分和筛选业绩不同的员工，淘汰业绩差的员工，留住高业绩的员工。对于对公司有较高忠诚度的高业绩的优秀人才，则采用合伙人的方式将其与公司绑定在一起。

（2）制定行之有效的员工培训体系。人力资源公司针对新员工与老员工的不同特点设计针对性的培训计划。新员工施行全面培训计划，从公司制度、公司文化、猎头知识、公司分析方法、人才画像制作方法、候选人沟通方法等方面进行全面培训。老员工则实行重点补短和特长提升培训计划。重点补短是根据每个人的缺陷提供针对性的培训，这一方面可以跟新员工培训结合在一起，老员工在哪一方面有缺陷的就跟着新员工一起学习相关课程。特长提升计划是选择适合的优秀猎头人员参加由人力资源协会等组织举办的特训班，以针对性地提升猎头顾问的特长，使优势变得更加突出。除此之外，人力资源公司也要不定期地开展新老员工结合的短期交流培训，以保证新老人员之间具备较好的沟通习惯和相似的概念与理解方式。

2. 加强文化建设

公司文化是公司的灵魂，人力资源公司应当借猎头服务体系优化改革之机，着力打造自己的公司文化，使得员工能够发挥主人翁精神，努力提高猎头业务水平，乐于与同事分享猎头知识与工作经验，积极配合同事共同进步、共同做单。

对于公司文化建设，人力资源公司应当从公司的愿景、战略及管理方式等方面展开，并着重强调客户第一、团结协作、不断学习等文化元素。

在文化建设的过程中，主要领导应当发挥带头作用，主动推动公司文化，并不断地在会议中、活动中、公司管理中积极宣传和引导公司文化。通过主要领导的示范能对中下层员工产生积极的影响，能够更好地塑造公司的文化灵魂。

在公司管理中，人力资源公司的管理层要通过奖惩结合的方式促进公司文化的落地，对于一些工作行为非常符合公司文化的员工，要及时给予奖励和褒扬；对于不认同和抵制公司文化的员工要及时给予教育指正和惩戒，不改正的要及时予以辞退。

3. 优化猎头服务体系

为了保证人力资源公司优化后的服务体系能够切实落地并获得很好的成效，人力资源公司可采用PDCA循环①管理方法来对服务体系进行不断地优化升级。

（1）P，计划阶段。人力资源公司可成立以董事长为组长的猎头服务体系优化小组，各级管理人员担任组员。优化小组要对优化后的猎头服务体系深刻理解，并将之传达给所有公司员工。优化小组制订新猎头服务体系逐步实施的计划，并需要获得绝大多数员工的理解与认同。

（2）D，执行阶段。在大多数员工了解和认同新猎头服务体系顺利执行对公司的重大意义和对员工工作能力与效率的提升后，人力资源公司可在公司逐步推行新猎头服务体系。在执行的过程中，肯定会遇到各种各样的问题，优化小组要及时对出现的问题进行处理。

---

① PDCA循环是美国质量管理专家沃特·阿曼德·休哈特（Walter A. Shewhart）首先提出的，由戴明采纳、宣传，获得普及，所以又称戴明环。全面质量管理的思想基础和方法依据就是PDCA循环。PDCA循环的含义是将质量管理分为四个阶段，即Plan（计划）、Do（执行）、Check（检查）和Act（处理）。

（3）C，检查阶段。在本阶段，优化小组要让全体员工意识到猎头服务体系不断优化的正面意义，并积极鼓励各级员工在日常工作中及时发现猎头服务中存在的问题与不足，并上报给优化小组。对于提出较好优化方案的员工，优化小组要及时进行表彰和奖励。

（4）A，处理阶段。优化小组要定期召开会议，各个组员在会议中对工作中发现的和员工汇报的问题进行分析和讨论，并制定相应的补充方案和优化措施。会议结束后，优化小组各个组员要及时把新的优化方案传达给员工，并让员工理解和执行。

第二节　人力资源的派遣服务

人力资源派遣服务是一种灵活的用工方式。有别于工业经济时期传统的人力资源配置运行机制，人力资源派遣的特点是雇用（派遣）单位和使用（用工）单位相分离，用工单位通过与人力资源派遣单位签订租用合同，租用员工并向人力资源派遣单位支付员工的工资、福利和服务费。

派遣员工通过与人力资源派遣单位签订派遣合同，明确自己的权利和义务。人力资源派遣的雇佣关系由三方当事人和两份契约组成，三方当事人分别是派遣单位、派遣人员与用工单位，两份契约分别是派遣单位与用工单位签订的《派遣协议书》和派遣单位与派遣员工签订的《劳动合同》。这两份契约明确了三方当事人的权利和义务：用工单位负责派遣员工工作期间的日常管理、考勤考核，并按期向派遣单位支付管理费和劳务费，包括派遣员工的薪酬、保险福利等费用。派遣单位一方面受用工单位委托，为其招募与甄选合适员工；另一方面负责派遣员工的日常人事管理，如工资薪酬的发放，社会保险的代扣代缴，合同的签订、续订和解除及协调处理派遣员工与用工单位之间的劳务纠纷。派遣员工不仅要遵守派遣单位的有关规定，还应当严格遵守用工单位的规章制度，按合同要求提供劳动，保质保量完成工作任务。

一、人力资源的派遣服务特征

第一，派遣单位为用工单位与派遣员工之间的中介组织，它通过协议（合同）分别与用工单位和派遣员工明确各自的权利和义务，为用工单位和派遣员工提供相关的服务，并维护用工单位与派遣员工双方的利益。

第二，派遣员工的人事关系属于派遣单位，服从派遣单位的管理和派遣，依法从派遣单位获取劳动报酬；在用工单位工作期间应遵守劳动纪律和所在工作岗位的岗位要求及操作规范。

第三，从派遣员工的职业范围和能力来看，最初派遣员工大多从事体力劳动和低级文职工作。随着市场的发展，派遣员工素质逐渐提高，现在派遣员工大多经过培训而且具备专业技能，其中也包括管理人员、机器操作工人、商业服务人员，也出现了拥有博士、硕士学位的专业人才。

二、人力资源的派遣服务方式

劳务派遣的具体形式有以下几种。

第一，完全派遣。由派遣单位承担一整套员工派遣服务工作，包括人才招募、绩效评价、报酬和福利、安全和健康等。

第二，转移派遣。有劳务派遣需要的用工单位自行招募、选拔、培训人员，再由派遣单位与员工签订《劳动合同》，并由派遣单位负责员工的报酬、福利、绩效评估、处理劳动纠纷等事务。

第三，减员派遣。减员派遣指用工单位对自行招募或者已雇佣的员工，将其雇主身份转移至派遣单位。用工单位支付派遣单位员工派遣费用，由派遣单位代付所有可能发生的费用，包括工资、资金、福利、各类社保基金以及承担所有雇主应承担的社会和法律责任。其目的是减少用工单位固定员工，增强用工单位面对风险时候的组织应变能力和人力资源的弹性。

第四，试用派遣。这是一种新的派遣方式，用工单位在试用期间将新员工转至派遣单位，然后以派遣的形式试用，其目的是使用工单位在准确选才方面更具保障，免去由于选拔和测试时产生的误差风险，有效降低人事成本。

第五，短期派遣。用工单位与派遣单位共同约定一个时间段来聘用和落实被派遣的人才。

第六，项目派遣。用工单位为了一个生产或科研项目而专业聘用相关的专业技术人才。此外，还有晚间派遣、钟点派遣、双休日派遣、集体派遣等形式。劳务派遣在用工单位长期工作后，由用工单位将其身份转为正式员工，享受正式员工的所有同等待遇，称为派遣转正。

三、人力资源的派遣流程

人力资源派遣的流程主要分为五个步骤，分别是签订派遣协议，选择、确定派遣员工，确认劳动关系，劳动合同的变更、终止与解除，派遣协议的变更、终止与解除。

第一，签订派遣协议。用工单位根据自己的工作实际需要，向派遣单位提出所需员工的标准条件和工资、福利待遇；派遣单位根据用工单位的需求，提供相关咨询，达成一致意见后，派遣单位需要告知用工单位提交相关资料，包括营业执照/法人证书原件及复印件、组织机构代码证原件及复印件、单位介绍信、经办人身份信息、其他资料等。派遣单位在审查用工单位的基本情况后，双方达成派遣意向，签订派遣协议，协议内容包括双方的权利和义务、收费标准、付费方式、违约责任及争议处理等。

第二，选择、确定派遣员工。派遣单位根据用工单位的需求，查询自己的派遣员工库，或通过向社会招聘等方式搜索符合条件的员工，进行筛选、面试；之后，将合格人选送用工单位复试，确定录用人员名单；对录用人员进行体检及岗前培训，岗前培训涵盖心理疏导等内容；经培训无法满足用工单位岗位要求的，进行岗位或人员调整。完成上述工作后，派遣单位需要通知用工单位以书面形式确认派遣员工。

第三，确认劳动关系。用工单位确定派遣员工后，派遣单位需要和派遣员工签订劳动合同，明确派遣员工的工作岗位名称和岗位性质、工作地点、劳动报酬、福利待遇、合同期限、工时制度、休假制度等。同时，派遣单位还需要对派遣员工进行入职教育，发放员工手册。其中，入职教育内容应包括管理要求、办事流程、服务内容、劳动纪律和相关政策等；员工手册应当包括入职和离职注意事项、人事档案、组织关系的机理、工资及福利待遇、五险一金缴纳情况等相关内容。

第四，劳动合同的变更、终止与解除。在派遣期间，因工作或其他原因，用工单位和派遣员工都可以提出劳动合同的变更，当任何一方提出变更要求时，派遣单位应与另一方协商，及时处理。因工作完成或其他原因，以签订完成一定工作任务为期限的劳动合同或经双方协商一致，派遣单位与派遣员工可以终止或解除劳动合同，按规定办理劳动合同终止或解除手续，为派遣员工出具终止或解除劳动合同的证明。

第五，派遣协议的变更、终止与解除。当工作内容发生变化或者用工单位、派遣单位有要求时，双方可以就派遣协议的内容协商达成变更意见。此外，当派遣单位和派遣员工的劳动合同依法终止与解除后，如果用工单位不再需要派遣服务，派遣单位需要和用工单位终止或解除派遣协议，并根据协议履行相关手续。

四、人力资源的派遣服务完善对策

（一）完善员工派遣管理制度

人力资源派遣服务的基础是派遣员工，派遣员工的质量是保证人力资源派遣服务质量和用工单位生产质量的前提。派遣员工之所以能够被派遣，就是因为用工单位对其具备的知识、技能的需要。特别是对于技能性强的制造业而言，所需的派遣员工必须是掌握一定的专业技能、能够提供专业服务的人员。因此，对派遣员工的知识、技能应该有一个科学的资质认定，建立的技能资格认证是非常必要的，这样派遣员工被派遣上岗才会成为可能，用工单位也可以根据岗位需求选择合适的派遣员工。与此相关，还需要建立派遣员工的资格考评，实施权威的认证管理。

（二）规范派遣行业服务体系

人力资源派遣的费用体系中起码应包括派遣员工的基本薪酬、奖励津贴、有关补贴、医疗保险、失业保险、养老保险、代理服务费、人力资本保全费等，还应制定专门的人力资源派遣服务费用体系管理办法，明确各项费用的确定依据、程序与核算办法，并由用工单位拨付给派遣单位，由派遣单位按照规定兑付各项费用。同时，还要针对人力资源派遣服务中涉及的劳动条件、劳动保护、工伤事故管理、员工权益保护、派遣期间的相关知识产权保护等问题，制定相关的政策法规或管理办法，不断明确和规范人力资源派遣中的各种管理行为。

（三）建立派遣行业自律机制

建立人力资源派遣协会不仅有利于协助政府有关部门进行行业管理，协调行业内部的纵向关系、横向关系，而且可以为全部人力资源派遣行业提供各种可操作的规则、手段和目标，促进派遣单位之间信息互通和共享，开发多种形式的人力资源派遣服务产品，提高派遣单位的专业化水平，建立人力资源派遣市场管理机制和活动规则，健全完善人力资源派遣市场，健康有序地发展人力资源派遣服务业。

在竞争日益激烈的市场经济条件下，派遣单位必然要与政府、用工单位、派遣员工等多方发生经济联系，派遣单位需要通过以下途径不断增强自己的实力：①主动以市场为导向，善于灵活经营，提高经营管理能力；②制定各种风险应对策略，提高风险预警力和承受力；③提高服务质量，创新人力资源派遣服务内容，扩大市场占有率，促进人力资源派遣服务进一步专业化和产业化。

（四）加强派遣服务监察力度

加强人力资源派遣服务中的劳动保障监察工作，严厉打击人力资源派遣中的违法违规行为。因此，政府相关部门特别是劳动保障部门，要加强对派遣单位和用工单位的执法监察，重点监督检查派遣单位和用工单位，监督检查派遣单位与派遣员工签订劳动合同、依法建立劳动关系情况、为派遣员工办理社会保险情况，监督检查用工单位工资支付、工作时间、休息休假、劳动保护等情况。严肃查处侵害劳动者权益的违法行为，对违反劳动保障法律法规的派遣单位和用工单位加大处罚力度，为人力资源派遣活动的健康有序开展保驾护航，营造良好的社会氛围。

（五）优化派遣服务舆论环境

人力资源派遣服务作为一种新兴的产物，不但需要国家、派遣单位、用工单位三方面的共同努力，而且还需要社会舆论的引导和监督。比如新闻媒体对派遣单位的报道，有正面的宣传推广，以及负面的曝光批评；比如劳动争议仲裁委员会对派遣员工的保护等。当然，舆论的最根本目的是使大家认识和接纳这种新兴的用工方式，并明确用工单位、派遣单位、派遣员工三方的权利和义务。充分利用新闻媒体、网络等平台，利用讲座、座谈会、树立典型等方式进行宣传教育和舆论监督。

第三节 人力资源的外包服务

外包是指企业将一些非核心的、不重要的或辅助性的功能和业务，外包给企业外部的专业服务机构，利用它们的专长和优势来提高企业的整体效率和竞争力，而自身仅专注于企业具有核心竞争力的功能和业务。人力资源外包，就是企业根据需要将某一项或几项人力资源管理工作或职能外包出去，交由专业的人力资源服务机构进行管理，以降低人工成本，实现效率最大化。

一、人力资源外包服务内容

人力资源外包服务的内容有人事代理、招聘服务、企业培训等。

（一）人事代理

人事代理是人力资源外包服务机构面向企业开展的以薪酬、社会保险、档案管理和户籍托管为核心业务的各项人事事务外包服务。通过人事代理，企业可以从繁杂的人事事务中解脱出来，全身心投入企业的市场开发和主营业务经营中；人力资源外包服务机构以其极强的工作能力、丰富的工作经验和专业的工作团队提供服务，可以帮助企业避免不熟悉相关劳动政策法规而产生劳动争议与劳动纠纷；人力资源外包服务机构还可以帮助企业与政府职能部门进行良好的沟通与协调，为劳动者、企业、政府架起沟通桥梁，使企业能更好地进入良性运作当中。

人事代理业务主要针对一些外资企业和国有大中型企业。这些企业的工作人员较多，这些标准化的人事事务会造成企业自身的运作成本增加且效率低下。人事代理业务所涉及的内容主要有员工入职/离职手续的办理、与薪酬有关的事项、社会保险相关工作、户籍档案托管等。

员工入职/离职手续的办理包括员工信息收集、组织入职体检、签订劳动合同、离职手续办理等；与薪酬有关的事项包括考勤整理、薪酬发放、绩效考核、个人所得税代扣代缴等；社会保险相关工作包括保险与公积金的缴纳、社会保险关系的管理等；户籍档案托管包括员工档案和户籍关系的转进、转出及日常管理。

人事代理的服务方式有两种。企业人数较少或事务较少时，会通过电话和电子邮件等方式与企业进行沟通，会定期有相关工作人员前往企业进行面对面沟通；当企业人数达到一定规模或事务较多时，会有专门的工作人员长期在企业进行服务指导，企业需要提供办公场所和用品。

（二）招聘服务

招聘服务业务围绕细化服务、夯实基础、开拓市场等特点展开，不断拓宽人才引进渠道，建立健全各项机制，建立快捷、高效、低成本、多渠道的人力资源配置体系和开发体系，形成国际化的人才交流新模式。通过广泛发布信息、主动搜索人才，并借助自身品牌的影响力和专业服务，使企业低成本、高效率地招聘到合适的人才。

招聘服务业务主要包括整体招聘服务、专业测评服务和团队配置项目。整体招聘服务是指为客户企业的招聘提供全程服务，从招聘项目的计划、组织到实施，根据招聘岗位的特点和需求提供笔试题和面试方案，并提供专业测评工具，最后将招聘结果进行汇总；专业测评服务是指为客户企业提供内部选拔和中高级人才的测评服务，比如帮助客户企业测评关键岗位和中高层管理人员的动态；团队配置项目是指为客户企业提供组成团队人员的合理方案，包括组织架构的设计、岗位职责的分析、人员的配置等。

招聘服务的流程大致分为六个步骤：①接受客户的委托。了解客户企业的背景资料、需要招聘的职位信息和岗位职责说明。②与客户进行沟通。对客户企业的需求进行评估，与客户企业确认招聘的计划、流程及时间安排。③与客户签约。双方就招聘服务的各项条款达成共识，协商签订《招聘服务外包协议》。④招聘信息发布与人员遴选。利用多种途径和平台进行招聘信息的发布，由专业顾问团队对人员进行综合考查和初步遴选。⑤人员测评。对初步筛选通过的人员，根据招聘岗位的特点和需求对人员进行笔试和面试。⑥后期跟踪服务。帮助客户企业对满意的人员进行背景调查、薪酬谈判和人员到岗后的后期跟踪。

（三）企业培训

企业在选择培训外包时，会综合考虑许多方面的因素，如培训需求、培训内容、培训机构、培训实施过程中的沟通与控制等。企业培训服务凭借其业务内容的丰富性、形式的多样性以及全方位满足企业的需要，近几年取得了不小的成就。

公开课是企业培训的支柱业务之一。为了满足企业的需求，积极拓展公开课的业务种类，在传统的政策法规类培训基础上，增加许多企业普遍反映需求较大的培训类目。同时，加大公开课的开课频率，最大限度地满足企业培训的要求。培训类别涉及政策法规类、财务类、礼仪类、计算机类等经过广泛调查、切实贴合企业需求的培训类别，以获得企业的好评。

取证类培训，作为面向普通劳动者、帮助劳动者提高个人职业技能和工作能力的培训，一直有着非常广泛的市场和需求。目前已经形成技能取证类培训、职业资格取证类培训和学历教育等多个大类。企业培训的业务流程具体包括准确做好培训定位、制订有针对性的培训计划和模式、设计完善的课程内容、确定培训讲师、确定时间表、办理报到注册、提供后勤支持、进行培训评估与课程评价等。

二、人力资源外包服务的流程

人力资源外包服务内容繁多，每项服务内容都有各自的运作流程。

（一）员工入职操作流程

员工入职操作流程是指客户企业在经过面试合格、正式录用员工后，由客户企业委托外包服务商提供办理员工入职手续的服务流程。外包服务商按照相关政策规定，协助客户企业与新录用的员工，完成必要的录用手续和转入员工的社会保险、公积金的过程。

该流程主要包括如下几个方面的功能。

第一，员工录用通知，表示客户企业已经同意录用员工，这是员工入职流程的起点。一旦客户企业需要录用员工，必须提供书面通知给员工。这是员工与客户企业建立劳动合同关系、外包服务商接受委托的合法手续。

第二，获得客户企业的录用通知后，外包服务商向客户企业提供《人事代理员工基本信息表》，通过基本信息表，外包服务商获得员工的个人准确信息，为外包服务商后续联系和管理工作做好准备。入职员工的基本信息包括姓名、户口、学历、地址等。

第三，基于规模化和专业化的运作，将外包服务商《人事代理员工基本信息表》中的信息录入外包服务商的信息系统中，通过信息系统将不同的任务分配到不同的服务岗位，以完成后续工作。

第四，由客户企业人力资源专员根据《人事代理员工基本信息表》中的员工联系方式与员工沟通，核实员工的个人情况，并通知员工提供个人办理录用及社会保险的相关资料（一般外包服务商会提供一个标准的资料准备清单和书面通知单）；入职需递交的材料，包括劳动手册、退工单、户籍档案受理凭证复印件、个人基本情况表、报名照。

第五，员工根据材料准备清单，在规定时间内将个人资料提供给外包服务商，外包服务商收取材料后会提供《材料收取清单》，并将材料收取情况录入系统。

第六，外包服务商的用工、社会保险办理部门，将根据国家和地方省市的相关劳动用工和社会保险管理的法律、法规和制度的规定，办理用工手续和社会保险开户手续。

第七，为了保证服务质量，根据客户企业要求，外包服务商必须每月提供《人事代理手续办理和社保办理情况汇总表》，客户企业对汇总表进行审核，可以及时发现双方在工作中的差错，以有效控制外包服务的整体质量。

第八，在实际服务中，很难避免因员工提供材料有误或不足导致服务延期的情况，这时，外包服务商应根据系统的记录，对未及时提供材料或材料有误的员工进行沟通，要求其在限定时间内补齐相关材料。

（二）员工离职操作流程

员工离职流程反映的是人事外包服务商按照相关政策规定，协助客户企业和将要离职的员工，完成必要的退工手续和转出员工的社会保险、公积金的过程。

该流程主要包括以下几个方面的功能：①员工提出离职，或客户企业提出不续签通知或解除劳动合同，由客户企业向外包服务商提供《离职通知书》，通知外包服务商办理退工或社会保险停缴的有关手续。②外包服务商记录员工离职信息，并按规定计算员工社保和公积金应缴纳额及其他离职相关费用，交由客户企业审核确认。③员工离职后，外包服务商通知员工办理离职手续，领取离退工资。④外包服务商在规定时间内为员工办理社保转出和公积金封存手续，将人事社保信息汇总交由客户企业确认，完成员工离职程序。

（三）薪酬管理服务流程

随着薪酬职能的变化，薪酬方案日益纷繁复杂，用于支持这些方案的管理系统日趋完善和复杂，其维护成本也日趋昂贵。因此，一些企业的人力资源部门开始与第三方服务机构签约，寻求薪酬外包管理。

人事薪酬外包服务是业务流程外包服务的重要组成部分，由外部服务商负责该企业薪酬部门的日常管理工作。它是一种新的管理方式，强调企业只做最擅长、最核心的业务，同时从外部获取专业、高效、低成本的服务，从而实现企业精简，更好地适应迅速变化的市场环境。随着信息技术的发展，未来将会以网站的形式，提供员工薪资和社保的全方位服务，并自然发展员工福利衍生产品，如员工商业保险、员工健康服务、员工税延服务等。具体的流程如下。

第一，客户企业在委托外包服务商管理薪酬时，必须向其提供书面的企业薪资政策，薪资政策是客户企业内部关于各岗位员工薪资发放的具体政策性规定，包括薪资的构成、薪资项目、每个薪资项目的具体含义和标准。

第二，外包服务商根据客户企业提供的薪资政策，整理成一个可以标准化、规范化的薪酬计算模型，包括所有计算项目认定、计算标准、项目数据采集规范、合理性规范及计算公式等。

第三，客户企业按月将薪酬计算原始数据采用规范的电子文档或书面文档的形式提供给外包服务商，由其录入薪酬计算系统，薪酬计算系统将进行自动计算，生成计算结果。

第四，外包服务商薪酬专员将专门对薪酬计算的结果数据进行复核校对。对小型规模企业一般采用抽条校对法（即采用人工计算与系统计算数据结果校对，发现是否有差错）。对于大中型规模企业，一般在首次外包的前三个月采用逐条校对，以确保系统的准确性。在三个月后，采用按2%~5%的数据进行抽样校对。校对一旦发现差错，必须进行全面校对。校对无误后，系统将自动生成按客户企业要求定义的薪酬报表或报告，对于客户企业的特殊要求，可以生成一次性的特殊报表或报告。

第五，外包服务商将客户企业定义的薪酬报告交由客户企业确认，若客户企业提出异议，则重新确认工资，变更信息后再次进行工资计算，直至客户企业确认无误。

第六，外包服务商就客户企业确认结果生成账单，客户企业付款后由外包服务商生成银行文件交由银行进行工资发放，外包服务商同时打印员工工资单。

三、人力资源外包服务策略

（一）充分了解企业外包需求

外包服务商具体服务工作的第一项任务，是对企业及其人力资源管理现状进行全面、准确的调研和诊断，该项任务非常重要，如果外包服务商对于企业的了解和掌握程度不足，那么所涉及的方案或代替企业行使的职能将不能满足企业的真实需求。所以，企业的人力资源管理人员应配合并辅助外包服务商了解企业。①了解企业的经营情况、市场情况、内部架构、管理现状以及未来的发展规划；②了解企业的文化并逐步融入；③重点了解企业人力资源管理的现状及被外包的职能履行情况。

（二）充分掌握企业真实信息

中小企业通过多维度评估、严格甄选后所确定的外包合作伙伴，如果是一个信誉良好、综合实力雄厚的外包服务商，并与之签订保密性质的合同，企业应该对自己的合作伙伴持肯定和信任的态度，可以提供给外包服务商所需要的完整、真实的信息，使外包服务商能够提供有效的服务。

如果外包服务商获取信息时遇到阻碍或不能获取必要的信息时，企业人力资源管理人员可以帮助外包服务商进行协调和沟通，获取相关信息。一般而言，所有的信息传输媒介都会造成一定程度的信息失真，企业最明智的做法是选择双方熟悉的有效信息传输媒介，这样可以降低信息的失真程度，从而为外包服务商提供完善、真实的信息。

（三）善于处理各种关系与冲突

企业在外包过程中需要协调的关系包括：人力资源管理部门与外包服务商之间的关系，外包服务商与企业其他部门之间的关系，企业、外包服务商与员工之间的关系。

外包服务商在接手有关的人力资源管理活动后，对企业的情况有一个熟悉的过程，需要人力资源管理部门的积极配合，所以企业人力资源管理部门要尽量避免可能产生的冲突。

企业人力资源管理部门还应协调外包服务商与企业员工之间的沟通，将新信息和新策略传递到企业的各个层面，使员工清楚地认识到外包不仅是为企业发展着想，而且还是为员工的利益考虑，实行外包是一种真正多赢的有效方式，进而推动外包工作的顺利进行。

在人力资源管理外包过程中，企业必须从战略的高度宣传人力资源管理外包的重要性和优越性，加强内部冲突管理工作，鼓励员工积极支持和参与外包项目。

（四）接受企业的监控

为了保证外包工作顺利有效地实施以及外包目标的最终实现，企业必须随时对外包服务商的工作态度、行为、服务内容进行监控，要求外包服务商为企业提供人力资源管理外包的具体工作计划和工作进展报告，对阶段性的工作成果与目标进行检验和评估，纠正出现的偏差与错误，不断改进和调整外包方案，以适应企业发展的变化。

企业可以建立相应的激励机制，鼓励外包服务商更加积极有效地实施外包。企业还可以建立"风险/报定价"的合作机制，该机制规定：如果外包服务商不能实现合同目标，就要受惩罚；但如果外包服务商完成或超过了目标，就可以分享企业的利润。通过这些措施来建立外包服务商和企业之间共担风险、共享利润的激励约束机制。

总之，企业应从以上几个方面来对外包服务过程进行有效的管理，以保证外包服务工作的顺利实施，从而为我国企业人力资源管理外包业务的发展提供支持和保障。

第四节　人力资源的就业服务

公共就业是各级劳动保障部门的重要职能，关系到国计民生与社会的稳定发展。我国社会的公共就业服务机构主要包括职业中介机构、公共就业服务机构等类型。公共就业服务部门的作用是为人才提供交流和沟通的良好环境与机遇，实现人才的就业，为社会公众提供就业方面的公共服务。

一、公共就业服务的优势

公共就业服务的优势在于能够推动就业水平提升，帮助社会中的特殊人群、困难人群等实现就业和自力更生，使其获得生活来源与保障，有效缓解社会的压力。

第一，有利于构建社会主义和谐社会。就业是人们获得生活来源的基础，既要保障就业者的权益，也要为社会公众提供相对公平的就业机会，让居民们能够安居乐业。

第二，有利于维护市场的稳定运转。政府提供的公共就业服务是面向整体社会的，在市场经济背景下，劳动作为一种市场资源，对经济的发展具有重要的作用，增强公共就业服务的质量和水平，有利于弥补市场经济的缺陷，消除市场经济发展中存在的就业歧视、信息不透明等相关的就业问题，通过就业帮扶的形式帮助弱势群体实现就业，从而确保人力资源市场的和谐稳定和健康发展。

二、人力资源的就业服务灵活化发展

(一) 就业服务灵活化影响因素

第一，政府因素。政府是影响灵活就业人员顺利就业的重要因素，同时也是企业人力资源管理的重要保障因素。由于政府方面的养老金制度影响，部分灵活就业人员自身收入较低，所以其还面临着补贴不足的问题，导致灵活就业人员的生活水平难以提升。

第二，企业因素。在企业内部管理中，人力资源管理的形式和效率影响了灵活就业人员的就业状况和个人发展，因此需要分析企业对灵活就业人员的影响。企业要根据社会市场需求和灵活就业人员实际状况来开展人力资源管理工作，并结合自身发展现状来合理划分灵活就业人员的岗位职责，从而明确灵活就业人员与正式员工的工作内容，利用不同类型员工混合就业的人力资源管理方式来促进企业生产发展。另外，企业在灵活就业人员中的招聘方式、信息真实度以及招聘状况等都会对人力资源管理状况造成影响。

第三，个人因素。灵活就业人员作为人力资源管理的主体，其自身因素不仅会影响人力资源的管理效果，还会影响自身就业状况，因此需要重点关注灵活就业人员的就业问题。

（二）就业服务灵活化的优化建议

1. 构建人力资源管理制度

构建科学的人力资源管理制度，提高灵活就业人员的积极性，同时促进人力资源管理工作的顺利开展。政府要从现阶段的灵活就业人员就业保障状况入手，以开放的态度来接纳不同灵活就业人员在社会生产活动中的工作，并在此基础上制定相对应的社会保障制度，以此来减轻灵活就业人员在岗位工作中的压力和负担，有利于激发灵活就业人员的工作热情。

政府要严格控制共享经济平台下的灵活就业人员薪资待遇满足相关标准，例如，不同地区的灵活就业人员工作时间、工作内容以及薪资待遇具有差异，政府就要利用人力资源管理制度实现差异均衡，为不同灵活就业人员提供相对应的制度保障，从而提高人力资源管理工作的针对性和有效性。通过构建人力资源管理制度，打破传统人力资源管理的局限性，为灵活就业人员职业发展提供制度条件，实现人力资源管理的科学化和规范化。

2. 制定绩效考核标准体系

为提高共享经济平台下的人力资源管理效率，应根据企业在新时期社会发展中的经营管理方向制定绩效考核标准体系，为灵活就业人员提供丰富的绩效考核标准，以此达到预期的绩效考核效果。企业要改变传统的人力资源管理理念，立足于共享经济平台和企业经营状况，分析灵活就业人员在岗位工作中的综合表现和工作能力，为灵活就业人员提供科学合理的晋升岗位和晋升途径，从而提高灵活就业人员在企业发展中的归属感和责任感。

企业要在共享经济平台应用的过程中实现技术创新，为人力资源管理工作提供先进的管理理念和信息技术，优化灵活就业人员的绩效考核流程和内容，实现企业资源的合理配置。

企业要加强对灵活就业人员的管理，通过制定绩效考核标准体系，为灵活就业人员提供良好的发展条件和发展空间，充分发挥人力资源管理中绩效考核的激励作用，在此基础上，提升企业在共享经济平台上的核心竞争力。

3. 增强人力资源管理能力

人力资源管理对于灵活就业人员工作和发展来说尤为重要，因此，要在共享经济平台下的企业人力资源管理工作中增强管理者的专业能力，并且从灵活就业人员的实际状况入手，充分保障灵活就业人员的基本权利和合法利益。在共享经济平台的基础上开展人力资源管理制度工作时，要明确灵活就业人员和共享经济平台之间的关系。

政府要利用灵活就业人员保障的相关制度规范人力资源管理工作的开展，并根据共享经济平台的发展和社会经济发展趋势及时调整和优化，以此满足灵活就业人员的经济发展需求。只有增强人力资源的管理能力，才能够促进共享经济平台下的企业经济发展，同时利用人力资源管理降低企业生产经营中的风险。

总之，随着我国社会经济的稳定发展，我国已经迎来了共享经济时代，这为我国新时期企业人力资源管理和灵活就业人员发展提供了平台，有助于人力资源管理模式的改进和创新。通过构建人力资源管理制度，制定绩效考核标准体系，增强人力资源管理能力，一定程度上实现了灵活就业人员的技能提升和职业发展，同时提高了灵活就业人员在岗位工作中的责任感和忠诚度，进一步激发了灵活就业人员的工作积极性，在此基础上有力促进了共享经济平台下的企业经济发展。

三、人力资源的公共就业服务优化策略

随着当前下岗职工与特殊人群就业、再就业问题不断突出，公共就业服务所面临的压力也在不断增加，为此公共服务部门要提高人力资源管理的效率，强化员工素质水平，开展有关的职业教育培训与就业指导工作，完善就业保障体系，不断优化公共就业服务与人力资源的管理水平，从而更好地解决公共就业等相关问题。

（一）增强对现代人力资源管理理论的认识

公共就业服务部门在社会人力资源管理中发挥着重要的作用。要及时改变传统落后的公共服务思想理念，树立现代的人力资源管理思想，树立起为人服务的观念，坚持实事求是的工作作风与工作态度，从现阶段的人力资源管理工作的现状出发，制订科学完善的工

作计划与理念，创新公共就业服务的内容与形式，例如借助线上网络宣传的方式，引导失业群体实现再就业，激发其积极性和信心，帮助其解决就业的问题。

（二）发挥政府在公共就业服务中的主导作用

政府是公共就业服务管理的重要主体，在具体的工作开展中要首先明确就业服务与人员保障的责任点所在，坚持就业服务与人员保障的工作要求，及时掌握失业、待业人群的工作状况，提供就业方面的咨询服务以及相关就业信息，通过网络、海报、人才市场等方式来引导社会下岗职工实现再就业，满足其就业的需求，让惠民政策深入千家万户，提高政策的知晓面和知晓率，不折不扣地落实上级关于促进就业创业的一系列优惠政策，以便更好地为就业困难群体服务，把各项优惠政策落实到位，促进社会的和谐稳定发展。

修改和完善公共就业服务主要工作领域岗位职责、业务流程、操作规范和工作标准，通过对业务素质考核等措施，逐步推进工作的规范化、标准化和科学化。根据服务对象数量，合理配置工作人员，优化人员结构，加强岗位培训力度，提高业务素质和操作技能，做到内强素质、外树形象。政府相关部门还可以通过组织技能培训活动、"互联网+"、进村入户、进企业、进学校宣传公共就业服务等政策，帮助社会各种群体掌握就业致富的技能，从而提高就业的能力。

（三）加快建立完善的社会公共就业保障体系

为了确保公共就业服务政策实施的有效性，要加快构建科学完善的社会公共就业保障体系，推进劳动保障工作平台建设。加快整合各级各部门向农村延伸的公共就业服务机构，充实服务内容、完善工作制度、规范操作流程，建立和完善乡（镇）劳动保障事务所（劳动和社会保障服务中心）、社区（村）劳动保障工作站，对接县、乡服务平台，加快形成"资源共享、县乡村联动"的基层服务网络。通过该体系为具有能力以及有工作意愿的群体提供适合的就业岗位，实现人尽其才。同时针对年纪偏大、丧失了劳动能力的人员，可以给予必要的经济支持以及就业培训引导等，使其获得一定的生活基础。政府部门要建立完善的失业保障体系，通过舆论来引导和消除社会上对待业人员的歧视，减轻待业人员的心理负担。

总之，公共就业服务与人力资源管理的目的是为社会公众提供相关就业服务，有效缓解社会就业压力，适应新时代社会就业发展的多方面需求。公共部门的人力资源管理要明确自身的职责所在，依照工作制度来提供有效的人力资源管理服务，减少不正常的社会失业率，从而帮助我国构建社会主义和谐社会。

四、人力资源公共就业服务对劳动力就业的促进

（一）对保证劳动者就业有着重要的作用

政府通过加强人力资源公共就业服务能够促使劳动者就业得到确切保障。提升劳动者就业能够促进社会与市场经济的快速发展，劳动者就业必须以人口流动为基础，人口流动在很大程度上可以促进社会的良好发展，但是，如果人口流动过度频繁就会起到反作用。

政府基于对人力资源公共就业服务的不断强化能够加快人口的合理化、有效化流动，使其保持在一个可控的范围之内，从而给予市场的良性发展以带动作用。因此，政府务必要引起对人力资源开发工作的强烈重视，积极强化人力资源公共就业的服务力度。

针对在市场中处于弱势的就业人员，必须有针对性地为他们提供就业指导，全方位保障就业者的就业权益，积极完善劳动就业保护体系，确保其与市场中现存的规律相契合。对于劳动力就业群体要进行详细的划分，同时给出与不同就业人员的能力与素养相适应的就业指导计划，以此为不同群体的就业者提供专业的劳动指导，保证就业者在市场中获取自身应有的权益，推进其自身工作价值的全面提升，保证其自我的充分实现，进而获得更好发展。

（二）增强劳动者的职业素养

政府加强人力资源公共就业服务有助于提升劳动就业人员的整体职业素养。政府在公共就业服务管理中通过对相关培训制度及策略的有效落实来不断对劳动者就业做出具体的培训指导，进而给劳动就业人员提供更具清晰性与明确性的指导方向，提高劳动者的专业化技能，使其能够更好地适应就业市场变化发展。

现如今，市场与企业在劳动者职业素养和技能方面提出了更严格的要求，劳动者必须积极转变现有的意识和观念，以更高的个人素养、更强的工作技能来实现对市场环境变化的更好迎合。因此，将政府作为导向的人力资源公共就业服务机构通过全面发挥自身职能，可以保证对社会资源以及各类设施的充分使用，提升对劳动者的科学化指导，推动就业者帮扶计划的设置与优化；还可以构建具备系统性的劳动者培训计划，促进对培训工作的有序落实，实现劳动者职业素养的高效提升。

（三）能够缩短城乡在就业方面的差距

政府加强人力资源公共就业服务有利于缩短城乡之间的就业差距。详细来说，城镇与

乡村在就业资源、条件、设施等要素上存在着很大差距，要想打造更为均衡的就业市场，就必须推进对人力资源公共就业服务的不断强化，全面整改农村当前的就业环境和条件，进一步整合农村的就业资源，然后将重新整合之后的资源再进行优化配置，尽量将城镇与乡村之间的差距缩到最小，推进劳动力市场的均衡发展。

城乡就业间的差距必须经过很长一段时间的积累，政府在这一问题上必须深入挖掘劳动力市场，循序渐进地将相关就业策略加以执行并落实，针对城镇与乡村各自实际的就业情况来制订对应的计划，在原有制度的基础上进行整改与完善，继而确保人力资源公共就业服务在缩短城乡差距方面的指导工作的实际落实。

（四）能够促进就业服务和市场相适应

政府加强人力资源公共就业服务有利于增强就业服务与市场之间的适应性。政府在人力资源公共就业服务管理工作中需要以劳动力市场为导向，深入地调研当前的劳动力市场状况，并对人力资源公共就业服务的工作状况进行全面把握，并精准地掌握当前劳动力市场的分布情况以及劳动力结构等方面的问题，这样才可以依据真实的市场情况使政府对就业服务的指导策略得到真正落实。

政府需要更加准确地对就业市场进行把握与控制，推进市场和就业服务之间的深度融合，然后以此为前提，确保公共就业服务与市场发展方向、发展状况的更好迎合。人力资源公共就业服务受市场因素的影响比较大，所以公共就业服务在制订计划与策略的过程中需要以劳动力市场为中心。而且在市场环境的不断变化发展下，公共就业服务更要对自身的机制加以整改，从而向更具系统性与体制性的方向发展。所以，政府务必要积极转变自身职能，但政府的固有职能尤其是在服务方面的职能是不会改变的，这也正是人力资源公共就业服务以政府为导向开展工作的一项极大的优势。

总之，人力资源公共就业服务在劳动力就业中发挥着至关重要的作用及意义。以强化人力资源公共就业服务对劳动力就业的促进作用为中心，通过对劳动就业关系与政府在推动劳动力就业中的职能进行概述，能够使相关人员形成对这两方面内容的全面了解；通过对人力资源公共就业服务中的问题进行分析，能够使机构人员充分认识到自身工作的不足之处；通过所总结的人力资源公共就业服务的强化对于劳动力就业的促进作用，能够使政府以及社会深刻意识到强化人力资源公共就业服务的重要性。

第六章　人力资源服务业的转型升级与创新发展

第一节　人力资源服务业发展历程与现状分析

一、人力资源服务业的发展历程

我国人力资源服务业的萌芽与成长轨迹，基本上与改革开放的时代历程同行。我国人力资源服务业沿"人才流动—行政化人才市场—人才服务业—市场化人力资源服务业"的发展轨迹，在营业收入、机构人员、业态发展等方面快速发展。

我国人力资源服务业的发展历程可以追溯到改革开放以后的时期。下面是我国人力资源服务业的主要发展阶段。

第一，初期发展（1978年—20世纪90年代初）。改革开放之初，我国开始引入市场经济机制，人力资源服务业也逐渐崭露头角。在这一时期，主要是一些中介机构提供人才招聘、劳务派遣等基本人力资源服务。

第二，增长期（20世纪90年代中期—2000年）。在这一时期，我国人力资源服务业得到了快速发展。随着市场经济的深入推进，国外企业纷纷进入我国市场，对人力资源的需求也越来越大。此时，人才招聘、劳务派遣、培训、薪酬福利等方面的人力资源服务逐渐多样化和专业化。

第三，规范发展期（2000—2010年）。为了促进人力资源服务业的健康发展，我国政府开始出台一系列相关政策和法规。在这一时期，人力资源服务企业数量不断增加，服务内容也进一步拓展，包括人才咨询、人力资源外包、猎头服务等。

第四，创新发展期（2010年至今）。近年来，我国人力资源服务业呈现出创新发展的态势。随着信息技术的迅猛发展，"互联网+人力资源服务"成为行业的重要趋势。在线招聘、人才数据库、人力资源管理软件等新业态不断涌现，为企业和个人提供更高效、智能化的人力资源服务。同时，人力资源服务企业也开始注重品牌建设和专业化发展，提高服务质量和水平。

总之，纵观我国人力资源服务业的发展历程可以发现，不同时期的人力资源服务业呈现出不同的发展特征，即经济发展是根本推动力、法规制度是重要保障、技术进步是内生动力。

二、人力资源服务业的发展现状分析

（一）人力资源服务业的特点

人力资源服务业是指专门从事人力资源管理和提供相关服务的行业，其主要特点如下。

第一，人力资源综合性。人力资源服务业覆盖从招聘、培训、薪酬管理到员工福利、劳动关系等多个方面，涵盖企业整个人力资源管理的全过程。

第二，高度专业化。人力资源服务业需要具备专业的知识和技能，如人力资源规划、招聘面试技巧、培训与发展等，以提供专业的人力资源管理咨询和服务。

第三，强调人力资本。人力资源服务业将人力资本作为核心资源，通过科学有效的管理和开发，帮助企业实现人力资源的最大化利用，提高员工的工作效能和组织绩效。

第四，高度灵活性。人力资源服务业需要灵活应对不同企业的需求和变化，根据企业的特点和发展阶段，提供个性化的解决方案和服务。

第五，信息化支持。随着信息技术的发展，人力资源服务业逐渐实现信息化管理，利用人力资源管理系统、在线招聘平台等工具提供高效的服务，提升管理效率和服务质量。

第六，面向多元市场。人力资源服务业不仅服务于大型企业，还服务于中小微企业和个人，满足不同层次、不同规模企业和个人的需求，促进就业市场的稳定和发展。

第七，法律法规导向。人力资源服务业需要遵守劳动法律法规和相关规定，保障员工的权益，规范劳动关系，促进企业的合规运营。

总体而言，人力资源服务业的特点是综合性、专业化、灵活性和信息化支持，旨在帮助企业高效管理人力资源，提升组织绩效，促进就业市场的稳定和发展。

（二）人力资源服务业的意义

人力资源服务业在现代社会具有重要的意义，它对企业和社会的发展都有积极的影响，以下是它的几个主要意义。

第一，优化人力资源管理。人力资源服务业通过专业化的管理和咨询服务，帮助企业优化人力资源的配置和管理。它提供招聘、培训、绩效管理、薪酬福利等方面的专业支持，帮助企业更好地发掘和利用人才，提高员工的工作效能和创造力，增强企业的竞争力。

第二，促进人才流动与就业。人力资源服务业为企业和个人提供专业的人才匹配和招聘服务，促进人才的流动和配置。它能够帮助企业找到合适的人才，同时也为求职者提供就业机会和职业发展的支持，促进就业市场的稳定和发展。

第三，提升劳动力素质和组织绩效。人力资源服务业通过培训和发展计划，提升员工的专业技能和综合素质。它帮助企业建立健全培训体系，提供有针对性的培训和发展方案，提高员工的能力水平和工作满意度，从而增强组织绩效和竞争力。

第四，促进劳动关系的和谐稳定。人力资源服务业在劳动关系管理方面发挥着重要作用。它帮助企业建立健全劳动关系制度和沟通机制，加强与员工的沟通和互动，解决劳动纠纷，维护劳动关系的和谐稳定。

第五，提供法律法规咨询和合规支持。人力资源服务业熟悉劳动法律法规和相关政策，能够为企业提供专业的法律咨询和合规支持。它帮助企业了解和遵守法律法规，确保人力资源管理的合规性，降低企业面临的法律风险。

总体而言，人力资源服务业的意义在于提供专业的人力资源管理和咨询服务，帮助企业优化人力资源管理，提升组织绩效，促进人才流动和就业，维护劳动关系的和谐稳定，确保企业合规运营。它在促进企业和社会的可持续发展方面发挥着重要的作用。

（三）人力资源服务业的原则

人力资源服务业遵循一系列原则，以确保其有效性和专业性。以下是人力资源服务业的几个基本原则。

第一，公正和公平原则。人力资源服务业应秉持公正和公平原则，确保在招聘、评估、晋升、薪酬等方面的决策过程中公正对待所有员工，不歧视任何个人或群体。

第二，尊重和保护员工权益原则。人力资源服务业应尊重和保护员工的权益，包括但不限于隐私权、工作权益、薪酬福利等，同时确保遵守劳动法律法规和相关政策。

第三，专业和高效原则。人力资源服务业应具备专业的知识和技能，提供高质量的服务，以满足企业和员工的需求。同时，要保持高效率，及时响应和处理相关事务，提供准确的信息和建议。

第四，透明和沟通原则。人力资源服务业应保持透明度，提供清晰的信息和指导，使员工了解其权益和责任。此外，积极开展沟通，与员工建立良好的沟通渠道，倾听员工的意见和反馈，并及时解决问题。

第五，灵活性和个性化原则。人力资源服务业应根据企业的特点和需求，提供灵活的解决方案和个性化的服务。不同企业和员工有不同的要求，人力资源服务业应根据实际情况提供定制化的支持。

第六，持续学习和发展原则。人力资源服务业要积极追求持续学习和发展，不断更新知识和技能，跟踪行业的发展趋势和最佳实践，以提供更好的服务和支持。

上述原则是人力资源服务业必须遵循的基本准则，以确保其在人力资源管理和服务方面的专业性和可信度。

（四）我国人力资源服务业的现状呈现

我国人力资源服务业目前处于快速发展的阶段，呈现出以下几个主要的现状。

第一，市场规模扩大。随着我国经济的快速增长和市场化进程的推进，人力资源服务需求持续扩大。各类企业对人才的招聘、培训、薪酬福利等方面的需求日益增加，人力资源服务业市场规模不断扩大。

第二，服务内容多样化。人力资源服务企业提供的服务内容越来越多样化。除了传统的招聘、培训、薪酬福利等基础服务，还涉及组织发展、绩效管理、人才评估、离职管理等更高级别的服务。同时，在线招聘、人才测评、职业咨询等一些新兴业态也蓬勃发展。

第三，技术驱动创新。信息技术的快速发展对人力资源服务业产生了深远影响。互联网、大数据、人工智能等技术的应用，使得招聘、人才管理、培训等环节更加智能化、高效化。在线招聘平台、人才管理软件、智能化测评工具等成为人力资源服务业的新趋势。

第四，专业化发展。人力资源服务企业越来越注重专业化发展和提升服务质量。一方面，企业内部加强人才培养和专业能力提升，拥有更多专业背景的人力资源从业人员。另一方面，一些大型的人力资源服务企业开始建立起完善的服务体系，提供一站式的人力资源解决方案。

第五，政策支持推动。政府一直重视人力资源服务业的发展，出台了一系列相关政策和支持措施。政府鼓励人力资源服务企业创新发展，加强行业监管，提升服务质量。同时，政府还积极推动人才流动和职业培训，为人力资源服务业提供更多发展机会。

第二节　人力资源服务业转型升级的挑战与机遇

一、人力资源服务业转型升级的挑战

人力资源服务业，是促进就业和人力资源开发配置的重要载体。人力资源服务业转型升级的挑战如下。

第一，在产业结构层面，传统业态产能过剩与新兴高端业态产能不足并存。目前，我国人力资源服务业各业态已基本形成了金字塔形分布，金字塔顶端包括高级人才寻访、人才测评服务等业态，金字塔主体则是传统的招聘与派遣服务等。从实际情况来看，一方面，传统的招聘与派遣服务占据人力资源服务业的主要份额，不同人力资源服务机构的业务同质化严重，因而始终处于低水平的竞争；另一方面，以传统服务业态为主的人力资源服务机构，受当前个税改革、社保新政的影响较大，中高端业务拓展滞后、供给不足，新业态、新服务、新技术培育不足，行业集中度较低，外资依然占据大部分高端市场。

第二，在产业内涵层面，专业化服务水平与新动能培育不匹配。我国人力资源服务机构由于发展时间较短、行业准入门槛较低，专业分工程度还略显不足。同时，行业从业人员的高流动性使得行业整体缺乏稳定性，导致行业内形成中高端职业人才不足、缺乏创新，基础从业人员业务能力不足的局面，制约了行业的转型升级与新动能培育。通过"民营企业对人力资源服务的需求调查"数据可以发现，市场准入门槛低、服务同质化现象严重、政策支持力度有限以及法律法规还不健全是民营企业（作为用人单位）公认的人力资源服务业面临的三大主要挑战。

第三，在平台集聚层面，产业集聚的空间格局不平衡。从区域间行业发展情况来看，北京、上海、浙江、广东、江苏等东部发达省市人力资源服务业相对发达，而中西部地区人力资源服务业供给与市场需求远弱于东部地区，以至于产业规模与创新能力远低于东部地区，最终造成中西部与东部地区的行业发展不均衡。产业园区对人力资源服务产业发展的集聚引领效应日渐凸显，而当前我国国家级人力资源服务产业园区，全部分布在东部沿海地区或者中西部省会城市，而其他城市的产业园区建设十分薄弱。

第四，在技术创新层面，"互联网+人力资源服务"的融合尚在探索中。近年来，在政府和市场的双重推动下，人力资源服务业逐步出现"互联网+招聘""互联网+培训""互联网+薪酬外包"以及"互联网+社保代理"等融合业态。互联网、人工智能、大数据等新技术虽然在人力资源服务业得到了应用，但还不广泛，能否顺势发展还需要更长时间的检验。

第五，在产业融合方面，人力资源服务业共享程度偏低。人力资源服务业近年来的快速成长与发展，带来的是服务消费结构升级。目前来看，政府更多的是购买人力资源服务的硬件层面，而购买的具体服务项目偏少，尤其是新兴业态购买更少，导致行业合作与共享程度受到限制。从一定程度来看，这也是人力资源服务市场化改革进程中与体制机制产生的矛盾与碰撞，说明现在人力资源服务业依然受传统动能的影响，现有产业政策、监管方式与制度安排难以适应行业的转型需求。

第六，在产业价值方面，盈利模式较为单一。与全球人力资源服务业的发展相比，我国人力资源服务业起步较晚，导致人力资源服务业盈利模式较为单一，利润率不高，且在经济全球化的背景下缺乏议价能力。作为中介服务机构，服务费是企业的主要盈利来源，但传统的劳务派遣、招聘等业态本身的服务价值并不高。加之大量中小企业恶性竞争，进一步导致行业内的平均利润率下滑，出现"高营业额、低利润率"的局面。

二、人力资源服务业转型升级的机遇

随着服务领域改革开放的不断深化以及发展壮大新兴产业的时代要求，人力资源服务业在我国经济与社会发展中起到的作用越发重要。人力资源服务业在今后一段时期仍将迎来前所未有的发展机遇。

第一，在人才强国和就业优先战略背景下，国家对行业支持力度不断增大。尽管我国人力资源服务业发展时间不长，但国家及相关部门出台多份文件促进人力资源服务业的发展，引导人力资源服务业助力企业复工复产，并按照一定条件对人力资源服务机构进行财政补贴以及税收优惠，人力资源服务业得以在政策支持下健康有序发展。同时，从中长期来看，人力资源服务业在进一步深化改革与对外开放的背景下有望降低行业准入门槛，营商环境将进一步优化。

第二，"共享经济"的影响下，灵活用工迎来新机遇。"共享经济"在我国的兴起与发展，使得无论是人力资源服务供需主体的劳动者与用人单位，还是人力资源服务的工作岗位都变得更加灵活，灵活用工的比重不断加大。由于灵活用工可以满足企业短期、季节性、临时性的用工需求，同时能够降低用工风险、节约用工成本、提升效率，因此，越来越多的劳动者以自由职业者的身份与用人单位之间形成非正式的雇佣关系，由此产生人力资源服务中的薪资福利发放、个人所得税缴纳等服务项目都成为新的商业机会。从中长期来看，灵活用工在国内特别是二、三线城市渗透的加速将带来发展新机遇。

第三，"国内国际双循环"背景下，科技创新为行业发展创造新机遇。完善技术创新市场导向机制，强化企业创新主体地位，促进各类创新要素向企业集聚。随着大数据、人工智能、互联网等新一代科学技术的发展，人力资源服务业的行业边界以及业态边界将不断被打破，人力资源服务产品也将越发透明。新基建带来新需求，人力资源服务业为适应市场需求变化，需要不断利用新技术研发新产品、融合线上线下服务从而实现数字化转型。

第四，在劳动力受教育水平不断提升背景下，人力资源服务出现新需求。随着经济社会快速发展，我国劳动力受教育年限呈现显著提高特征。劳动者整体素质大幅提升，在很大程度上得益于青年群体受教育程度的持续提高。劳动力受教育程度的提升引发人力资源服务新需求。例如，高端人才的加速增长将使得猎头等新兴业态规模持续增长，有助于我国人力资源服务业由中低端服务向中高端服务转型。

第三节　人力资源服务业转型升级的动力机制

为促进我国人力资源服务业转型升级，构建适合的动力机制，具体内容包括以下几个方面。

一、市场驱动人力资源服务业转型升级

市场驱动是指根据市场需求和竞争情况，以市场为导向进行经营和发展的方式。对于人力资源服务业而言，市场驱动具有重要的意义，它可以促使企业提供符合市场需求的专业化、差异化的服务，增强企业的竞争力。从市场在资源配置中起基础性作用到起决定性作用的论述证实了市场对于产业发展的重要作用。人力资源服务市场需求的拉动、企业间的竞争以及行业集聚均能够驱动人力资源服务业转型升级。

第一，从人力资源服务市场需求来看，劳动力受教育程度的提升引发了人力资源服务新需求，而需求的提升又会进一步驱动整个行业的转型升级。

第二，任何一个行业的发展，都离不开在某一规范下的良性、有序竞争，而人力资源服务业的竞争主要体现在企业间人才的竞争、业态与服务模式的竞争、服务效率与服务质量的竞争三个方面，这在一定程度上培育了人力资源服务业转型升级的市场动力。

第三，通过对产业集聚理论的梳理不难发现，产业集聚有利于生产要素的持续积累，从而提升产业效率，促使产业转型升级。具体到人力资源服务业，当前人力资源服务园区的集聚是一种群聚现象，它作为新兴生产性中间服务行业，还是一个上下游产业链较短、产业关联较弱的小产业。但也必须看到，集聚的人力资源服务产业园不仅有助于形成完备

的人力资源服务产业链，推进跨界合作产业融合，甚至能够发挥园区辐射带动效应，推动当地经济社会发展，也使人力资源服务业的转型升级成为可能。

二、人才驱动人力资源服务业转型升级

人才驱动是指将人才视为企业发展的核心驱动力，通过吸引、培养和发展优秀人才，实现企业的长期发展和竞争优势。在人力资源服务业中，人才驱动起着至关重要的作用。随着经济全球化和知识经济的发展，企业对高素质、高技能的人才需求增加。人力资源服务业需要为企业提供更加专业化、个性化的人才招聘、培训发展、绩效管理等服务，以满足企业的人才需求，推动自身的转型升级。人才驱动是人力资源服务业转型升级的重要动力。以下是人才驱动人力资源服务业转型升级的几个方面。

第一，人才需求的变化。随着经济和社会的发展，企业对人力资源服务的需求发生了变化。传统的人力资源服务主要关注招聘、薪酬福利等基础性服务，而现在企业对人力资源服务提出了更高层次的要求，如战略人力资源管理、组织变革管理、员工发展等。为了满足这些新需求，人力资源服务业需要拥有高素质、多元化的人才队伍，能够提供更专业、全面的服务。

第二，人才管理与发展。人力资源服务业自身也需要不断培养和吸引高素质的人才。这些人才包括人力资源管理专业人才、人力资源技术与数据分析专家、组织发展与变革专家等。通过建立健全的人才培养体系、广阔的发展空间和良好的激励机制，吸引和留住高水平的人才，为行业的转型升级提供有力支撑。

第三，技能与专业知识更新。随着人力资源管理领域的不断发展和变化，人力资源服务业需要不断更新和提升自身的技能和专业知识。这要求人力资源服务从业人员具备良好的学习能力和持续学习的意识，积极参与培训和学习机会，掌握最新的人力资源管理理论和实践知识，以应对市场的变化和需求的升级。

第四，创新与创业精神。人力资源服务业转型升级需要不断的创新和创业精神。人才在这方面起到了重要的推动作用。他们通过创新思维和创业能力，探索新的服务模式、技术应用和业务领域，为行业的转型升级注入新的活力和动力。

总之，人才驱动是人力资源服务业转型升级的重要因素。通过拥有高素质的人才队伍、优秀的人才管理与发展机制、持续的学习与更新以及创新的精神，人力资源服务业能够不断提升自身的专业能力和服务水平，适应市场需求的变化，实现转型升级。

三、竞争驱动人力资源服务业转型升级

竞争是推动人力资源服务业转型升级的重要驱动力，竞争驱动是指竞争环境对企业行为和发展产生的影响和动力。在人力资源服务业中，竞争驱动具有重要的意义，它推动企业提高服务质量、创新经营方式，以保持竞争优势。以下是竞争驱动人力资源服务业转型升级的几个方面。

第一，市场竞争压力。人力资源服务业是一个竞争激烈的行业，存在着众多的企业竞争对手。为了在市场中取得竞争优势，企业需要不断改进和提升自身的服务品质、效率和创新能力。市场竞争的压力迫使企业寻求不断创新、改进服务模式，以满足客户需求，从而推动行业的转型升级。

第二，客户需求变化。客户需求是驱动人力资源服务业转型的重要因素。随着经济和社会的变化，企业对人力资源服务的需求也在不断变化。客户对于高效、专业、差异化的人力资源服务的需求越来越高，要求企业提供更加精准、定制化的解决方案。为了满足客户的需求，企业需要进行转型升级，提供更具竞争力的服务。

第三，技术与创新竞争。技术和创新是人力资源服务业转型升级的重要推动力。随着信息技术的快速发展，人力资源服务业也需要积极采用先进的技术工具和系统，如人力资源管理软件、人才招聘平台、人力资源大数据分析等。技术的应用和创新可以提高企业的运营效率和服务质量，增强竞争力，推动整个行业的转型升级。

第四，人才竞争与人力资源管理创新。在人力资源服务业中，人才是最宝贵的资源。企业需要通过吸引、培养和留住优秀的人才来保持竞争优势。为了应对人才竞争，企业需要进行人力资源管理创新，提供有吸引力的薪酬福利、培训发展机会和良好的工作环境，以吸引和留住高素质的人才。人力资源管理创新也可以提高企业的组织效能和员工绩效，增强竞争力。

总之，竞争是人力资源服务业转型升级的重要驱动力。通过市场竞争压力、客户需求变化、技术与创新竞争以及人才竞争与人力资源管理创新，企业将不断提升自身的竞争力，推动行业的转型升级。

四、创新带动人力资源服务业转型升级

创新动力指的是在内外部环境的驱动下，创新主体产生一系列新的创新需求，从而进行创新活动的条件集合。人力资源服务业在隶属于生产性服务业的同时，其本身又属于知识密集型行业。因此，行业发展在很大程度上取决于创新动力的强弱和创新能力的多寡，

而其创新动力可分为人才创新动力、技术创新动力和治理创新动力。

用科技创新带动人力资源服务业转型升级的效果是显而易见的。科技创新的核心在于经济与科技的结合，其最终目的与结果不局限于获得研究成果，而是进一步把研究成果商业化。这样来看，科技创新是一种以科技为手段、以实现企业经济利润最大化为目的的商业活动。因此，科技创新贯穿从研究开发到市场实现的全过程。大数据、互联网技术以及新基建与 5G 技术①的发展，使得科技创新带动人力资源服务业转型升级成为可能，即科技创新动能培育带动企业的转型升级。

行业治理机制创新动力培育对行业转型升级的促进路径主要表现是：行业制度规范建设以及行业协会建设均可以促进行业治理创新，而行业治理创新动能的培育能够完善行业规范、降低行业风险，进而带动行业转型升级。有效的行业治理必须依靠专业的行业规范，行业标准化的建设既是行业转型升级的前提条件，又会为行业治理体系的创新培育动力。随着人力资源服务业市场化程度与国际化水平越来越高，服务行业规范化、服务机构标准化、从业人员专业化已经成为人力资源服务业发展的迫切需求，也是该行业治理创新动力培育的重要组成部分。从现实情况来看，中国人才交流协会等行业协会为促进行业发展贡献了不容小觑的力量，也是促进行业转型升级的重要组织力量。

第四节　人工智能时代人力资源服务业的新发展

科技的快速发展让人工智能走进了人们的日常生活，"人工智能是现代社会不断发展下的重要成果，在许多行业领域都有着十分广泛的运用，同时获得了较为理想的应用成效，表现出较高的发展前景与价值。"② 因此，如何应对人工智能发展带来的影响，并在此基础上不断提高企业人力资源管理能力和水平，这是新时期企业人力资源管理工作需要重点考虑的一项内容。

一、人工智能的优势

人工智能，是指以研究开发用于模拟、延伸和扩展人的智能的理论、方法、技术及应用系统的一门新的技术科学。人工智能涵盖一系列技术和方法，旨在使计算机系统能够感知、理解、学习、推理、决策和交互，以完成各种任务。人工智能的核心目标是模仿和实

---

① 5G 技术是第五代移动通信技术的简称，是对移动通信领域的一项重大技术进步。它在前一代移动通信技术基础上进行了革命性的升级和改进，提供了更高的数据传输速率、更低的延迟和更多的连接能力。
② 吴丹. 基于人工智能的企业人力资源管理策略研究［J］. 上海商业，2022（12）：205-207.

现人类智能的各个方面，包括感知能力（如视觉和语音识别）、理解和推理能力、学习和适应能力、问题解决和决策能力等。人工智能可以应用于各个领域，包括自然语言处理、计算机视觉、机器学习、专家系统、自动驾驶、智能机器人等。

在人工智能背景下，当代企业人力资源管理信息系统能够充分利用计算机技术下的大数据分析智能化技术，将企业内部人力资源管理六大模块涉及的所有企业管理信息统一进行整合与管理，即将人力资源规划管理信息、人才招聘配置相关信息、员工培训考核的相关管理信息、绩效管理相关信息、人员薪酬福利管理信息以及所有劳动关系管理相关信息等集中到人力资源管理信息系统交流平台当中，信息系统可以让人力资源管理工作更加规范、智能化。

除了全面构建企业内部所有相关的管理信息，还可以借助人工智能技术体系构建相应的人力资源社会保障资源网与就业信息网，加强两者之间的紧密联系，能够在一定程度上有效地为企业招聘到更加优秀、合适的人才，避免优秀人才流失等问题。

当前，加强重要数据信息的安全性已经成为人力资源管理工作中不可缺乏的一部分，要求在相关数据信息收集的过程中首要任务就是要确保数据的安全性，一定要做好数据的安全处理工作。在强化人力资源数据信息安全建设的过程中，应准确把握三大要点。

第一，借助人工智能技术建立和完善安全防护系统。为了保证人力资源管理系统的安全，需要建立防火墙，这样做的主要目的是避免黑客的攻击，以免企业的人力资源数据和信息数据遭到破坏。同时，要定期派专人来对信息系统进行维护和更新，以此才能实现不断优化企业防护系统的目的。

第二，定期清理计算机。有必要定期清理计算机，将计算机中产生的垃圾等及时清理干净，这样做还能够在一定程度上杜绝病毒的产生，对人力资源管理系统的安全性起着良好的维护作用。

第三，培养工作人员的安全意识。人力资源管理部门工作人员在做好本职工作的同时，应注意强化自身的安全意识，确保人力资源管理系统运行的安全性，做好相关保密工作。

二、人工智能技术对人力资源的替代作用

人工智能技术在人力资源领域确实有一定的替代作用，但同时也带来了新的机会和挑战。以下是人工智能对人力资源的替代作用的几个方面。

第一，招聘和筛选。人工智能可以自动化招聘流程，通过智能算法筛选候选人简历，匹配最佳人选，并提供数据支持。这可以节省时间和人力资源成本，提高招聘效率。然

而，需要注意的是，人工智能的算法可能存在偏见或歧视，需要进行监督和调整，以确保公平性和多样性。

第二，数据分析和预测。人工智能可以分析大量的人力资源数据，包括员工绩效、离职率、培训需求等，提供洞察和预测，帮助企业做出更好的决策。这有助于优化人力资源管理和提高员工满意度。然而，数据隐私和伦理问题需要得到妥善处理，确保合规和保护员工隐私。

第三，自动化流程。人工智能可以自动化一些烦琐的人力资源流程，如薪资计算、员工考勤管理和绩效评估。这减少了人为错误和工作量，提高了准确性和效率。但是，需要注意的是，人工智能并不完全取代人力资源专业人员的角色，他们仍然需要被监督和管理，确保系统正常运行并解决问题。

第四，职业发展和培训。人工智能可以提供个性化的职业发展和培训建议，根据员工的技能和兴趣，推荐适合的学习资源和机会。这有助于员工的成长和发展，提高组织的整体能力。然而，人工智能不能完全取代人际交流和人类导师的角色，在培养领导力和沟通等软技能方面，人类的指导仍然至关重要。

总之，人工智能技术在人力资源领域的替代作用是有限的，它更多的是辅助和增强人力资源管理的能力。人类的情感、判断和人际交往等特质仍然是不可或缺的，而人工智能可以帮助人力资源专业人员更好地利用数据和技术，提高工作效率和决策质量。

三、人工智能对人力资源管理产生的影响

（一）提高人力资源管理效率

人工智能技术在人力资源管理中应用以后，可以将一些重复性的工作交给人工智能设备进行，让人力资源管理人员从繁重的和重复性的工作当中解脱出来，让人力资源管理人员可以有更多的时间和精力用于其他人力资源管理工作。这样，既可以让优秀的人力资源管理人员在更重要的岗位上发挥自己的作用，也可以有效地控制和降低成本费用。另外，从管理的角度来讲，以人工智能技术为基础的各种先进的人力资源管理软件，在数据信息的统计与分析等方面更加便捷准确，可以有效减少人的主观因素对分析过程和结果的负面影响，极大地提高人力资源管理工作的效率和质量。

（二）提升人力资源管理信息的准确性

现代企业的人力资源管理工作当中，涉及很多统计分析方面的内容，这些内容大多数

都是重复性的工作。人工智能设备具备的强大的统计分析能力，极大地提高了人力资源管理当中各种信息的准确性，也进一步提高了信息收集和管理的效率。

（三）提高人力资源管理决策能力和水平

在实践中，人工智能技术是多种多样的，在人力资源管理工作中也是如此。例如，企业在人力资源管理工作中，可以根据当前的发展状况，在输入相关数据的基础上，利用一些计算机模拟软件模拟未来一段时间企业相关岗位的需求量，对比分析现有的岗位工作者，对企业未来的人力资源需求进行科学的预测，预测结果可以为经营管理者对外招聘及人才队伍建设提供准确的依据。人工智能的推广使用有助于转变传统人工模式，减轻人力作业负担与人工成本，替代人来完成高难度作业，优化产业结构升级，降低风险。然而，人工智能也给人力资源管理带来了不容小觑的挑战，在很大程度上加剧了失业风险。

四、人工智能时代人力资源服务的创新策略

（一）培养复合型专业人才

第一，对于当下的人力资源服务行业来说，积极培养复合型人力资源人才是大势所趋，因此许多高校可以建立起更多的人力资源相关专业，积极地进行校企联合，培养出行业发展所需的综合性人才。高校应当与一些知名的培训机构和企业达成长期合作，为学生提供实习的基地，也能够使得学生更好地完成理论向实践的转化。通过专业导师以及行业人员的带领，提升对于整个行业的认知度以及专业水平，学校也可以将其纳入相关的人才培养计划之中。

第二，还要不断拓宽人力资源服务领域，更多与人工智能技术等新技术融合，增强自身竞争力。要想提升竞争力和自身的综合实力，就要完善相关的人力资源服务业的管理制度，为接下来的长远发展提供更好的理论指导方针。

第三，要想更好地促进人力资源服务业的长远发展，就要进一步与相关的政府部门、行业协会、高校、科研机构等达成紧密合作。紧随当下的时代发展趋势，了解人力资源市场的实时发展动态和行业内在规律，通过科学地总结当下的发展情况来提出新的发展思路，通过跨界联合与企业之间达成共赢，探索当下人力资源服务领域的新方向，增强自身的价值产业和核心竞争力。

（二）产业链条多元化

完善产业链条，构建更加科学的管理机制尤为重要，很多企业讲究的是工作效率，更

注重服务中的完善性。这种情况下人力资源服务业要提供服务的多元化和链条化，注重产业模式的打造，积极实现服务对象的跨界，不断地革新当下的管理理念和思维，为客户提供更加个性化的服务。

在当下，服务对象面临着多元化的发展趋势，因此想要制订出更加完善的服务方案，就要密切关注服务客户的需求动向，并以此做出相应的数据报告和分析，进一步降低成本，提升工作效率。

在人力资源服务模式的探索过程中，服务客户应当作为第一宗旨。服务客户应该细化到特定的人，包括职业技能培训、员工、求职者等一系列特定的角色。除此之外，还需要拓展到职业生涯规划、求职者培训和再利用的整体产业链，为企业领导者提供领导力培训、团队管理和沟通技能等培训。

在多元化经济中，也要注意服务提供渠道的变化。在传统的服务渠道中，所有的服务都是由员工提供的，然而随着时代的发展和服务方式变革的不断进步，机器人和软件在服务提供中的地位越来越高，经纪人和平台将取代之前的供应商，直接提供服务。

随着时代的进步，经济不断发展，与其他行业跨界融合的趋势也需要体现在多元化上。在新常态经济下，新零售等变革需要重点关注。借鉴这一理念，人力资源企业也需要关注"人力资源+保险"和"人力资源+零售"的方向，以此探索跨界产业链融合发展。

（三）服务体系完整化

第一，服务结构智能化。当下科技的飞速发展为人工智能提供了坚实的基础和保障，服务体系在人力资源服务模式的完善过程中更应该依靠大数据和云计算等技术，来确保科技和人力能够更有效地融合。在相应的服务结构智能化的过程中，主要依靠科学和技术，比如通过各类数据库以及信息化工具的使用来达到管理成本的降低、工作效率的提升等。

第二，服务领域扩大化。建立起更加完善的服务制度体系以及相关的指标核算方式能够进一步提高服务效率，并且增强与企业、行业协会、高校、科研机构的密切合作也能够增强对于人力资源市场的了解程度，掌握行业的最新动态。因此人力资源服务机构可以根据相应的发展趋势来制定服务模式和企业策略，实现人才资源的最大整合，进一步提升自身的价值和竞争力。

第三，服务模式精细化。为了进一步提升市场占有率，人力资源服务的模式应当进行积极革新，不断地进行工作和责任细化，在细化过程中，应当设立起一定的客观标准，首先要进行群体定位，细化服务点。

第四，服务模式丰富化。随着人工智能的发展，企业可以引进体验式服务、一对一专人服务、自助式服务三种方式来丰富服务模式。体验式服务是来源于体验经济，是一种服务于客户的新思路，基于客户的内心和心理需求，从而定制出个性体验式服务。体验的改变可以促进行为的不自觉改变。一对一专人服务是为客户以及特殊化服务客户所提供的最具个性化的服务。通过一对一专人服务能够更好地提供针对性的服务措施，带给客户满意的体验感，尤其是人力资源服务机构进行一对一专人服务，能够更好地根据企业的发展状况来制订相应的解决方案，保证在当下供给改革、企业全面转型的过程中，使企业更好地与时代发展接轨。自助式服务就是在整个服务的过程中，没有他人的帮助，只有自己一个人享受服务的全过程，这更加体现了智能化与服务的一体化。一套好的、人性化的自助式服务系统能够成功地体现出人力资源服务的优势，不仅健全了当下的管理模式，还能够通过信息化的智能系统来推行各项政策。

现在，越来越多的企业都将人力资源看作企业长远发展的主要竞争力，因此要积极完善相关的人力资源体系管理，充分发挥企业中人力资源的重要作用，同时借助第三方服务机构来健全当下的管理体制。尤其对于目前的经济发展来说，人力资源的系统化管理，对于企业的长远发展有着重要的战略意义，为企业建立了一个更加全面、规范的网络工作平台。

从企业角度来说，降低企业服务成本和提高企业服务水平的最佳途径就是积极推进客户自助服务，同时，也是现代服务业信息服务的创新理念和创新手段。企业有了从传统手工服务模式向电子自助服务模式转变的新思路，并且凭借着良好的规划和策略彻底执行实施，不但能够帮助企业减少行政负担，简化内部流程，提高员工的生产力和工作效率，并且还能够改善员工的满意度和参与度。

总之，人工智能的趋势无法阻挡，整个行业或将迎来巨大的变革。随着人工智能的蓬勃发展，提供更有价值、更人性化的人力资源服务将成为可能。而对于这个行业来说，也可以更好地在商业和科技理论方面提供更多价值探索。

参考文献

[1] 陈海燕．猎头公司在企业人力资源管理中的价值研究［J］．商场现代化，2016（22）：63-64．

[2] 陈涵欣．加强人力资源规划，国企如何施策［J］．人力资源，2022（18）：144-145．

[3] 陈颖．员工录用管理模式探讨——人事测评技术在国企中的运用［J］．现代国企研究，2016（22）：204-205．

[4] 池重．企业"互联网+人力资源"的新突破［J］．人民论坛，2019（14）：82-83．

[5] 韩春梅，王禹淋．数字时代的公安人力资源管理［J］．中国人民公安大学学报（社会科学版），2022，38（4）：148-156．

[6] 郎静，王军．浅析企业人力资源成本和控制［J］．河北企业，2010（11）：66-67．

[7] 李恋芸．论基于"以人为本"视角的人力资源培训与开发［J］．中小企业管理与科技，2023（4）：118-120．

[8] 李敏．浅析新员工录用面谈［J］．中国科技投资，2013（17）：187．

[9] 李姝．浅析薪酬管理在人力资源管理中的重要性［J］．上海商业，2023（4）：197-199．

[10] 李虾云．企业人力资源培训与开发管理策略探究［J］．上海商业，2022（10）：210-212．

[11] 李奕轩，周韵．知识型员工的培训与开发研究——以某学校的员工培训与开发为例［J］．企业改革与管理，2017（1）：65-66．

[12] 刘欢．中小企业人力资源规划问题与对策探析［J］．商讯，2022（21）：183-186．

[13] 刘善仕，孙博，葛淳棉，等．组织人力资源大数据研究框架与文献述评［J］．管理学报，2018，15（7）：1098-1106．

[14] 刘鑫，胡嘉伟，惠俊娥．探究我国人力资源派遣模式的转变［J］．中国管理信息化，2015，18（10）：94．

[15] 罗庆，罗忍．人力资源价值管理的发展研究［J］．中国集体经济，2023（8）：

101–104.

[16] 牛巧云. 基于能力的薪酬方案及其设计 [J]. 管理观察, 2018 (31): 16–18.

[17] 潘科锦. 大数据时代企业人力资源培训与开发的策略研究 [J]. 全国流通经济, 2022 (30): 68–71.

[18] 裴敏雅. 如何有效开展人力资源规划 [J]. 人力资源, 2022 (20): 152–154.

[19] 宋在玲. 认知人力资源特点努力开发人力资源 [J]. 煤矿现代化, 2004 (3): 9–10.

[20] 孙玉娥, 孙华灿. 人力资源投资理论视角下企业人力资源培训与开发分析 [J]. 全国流通经济, 2023 (3): 108–111.

[21] 王东晓. 人力资源规划, 开发与配置须并重 [J]. 人力资源, 2022 (16): 17–19.

[22] 王莲女. 人力资源派遣和外包的深层次探讨 [J]. 黑龙江科技信息, 2011 (15): 123.

[23] 王文军. 企业人力资源规划研究 [J]. 中国集体经济, 2023 (14): 98–101.

[24] 王莹. 东西方在医院员工招聘与甄选上的差异及借鉴 [J]. 农垦医学, 2008, 30 (6): 515–517.

[25] 温洒. 人力资源招聘的筛选决策策略及其启用机制 [J]. 应用心理学, 2015, 21 (2): 166–172, 192.

[26] 吴丹. 基于人工智能的企业人力资源管理策略研究 [J]. 上海商业, 2022 (12): 205–207.

[27] 吴沂, 王烨烨, 鄢仁武. OBE 理念下电力企业人力资源培训与开发路径探索 [J]. 四川劳动保障, 2023 (4): 52–53.

[28] 吴照霞. 企业人力资源管理外包的动因及风险管理研究 [J]. 中国商贸, 2011 (21): 55–56.

[29] 许彤, 王震. 一视同仁: 年龄包容型人力资源管理研究回顾与未来方向 [J]. 中国人力资源开发, 2023, 40 (3): 6–23.

[30] 杨莹. 精细化管理在国有企业人力资源绩效管理中的应用 [J]. 人才资源开发, 2023 (9): 85–87.

[31] 姚西红. 大数据背景下如何优化企业人力资源绩效管理 [J]. 中国商界, 2023 (4): 130–131.

[32] 叶嵩. 用好分析工具, 做细人力资源规划 [J]. 人力资源, 2022 (20): 144–145.

[33] 伊新国. 企业人力资源管理绩效考核相关问题研究 [J]. 中外企业文化, 2023 (3):

235-237.

[34] 易之含. 试论大数据时代企业人力资源培训与开发 [J]. 中外企业文化, 2022 (9): 226-228.

[35] 于赫. 绩效管理在建筑企业人力资源管理中的应用 [J]. 建筑结构, 2023, 53 (7): 154.

[36] 袁潇. 人力资源管理中的工作分析与设计理论研究 [J]. 企业改革与管理, 2023 (5): 79-81.

[37] 岳喜雨. 江西长运人力资源规划体系的研究与再设计 [D]. 北京: 清华大学, 2004.

[38] 张海松. 企业人力资源绩效管理优化措施 [J]. 经济师, 2023 (5): 276, 281.

[39] 张婕. 改进招聘录用, 稳定员工队伍 [J]. 中外企业家, 2013 (33): 194.

[40] 张茜. 企业人力资源管理中的薪酬管理创新思考 [J]. 全国流通经济, 2023 (7): 137-140.

[41] 张珊. 企业人力资源薪酬管理中构建薪酬激励机制的策略 [J]. 财经界, 2023 (10): 171-173.

[42] 张微微. 企业人力资源培训与开发中的问题及对策探究 [J]. 中国市场, 2023 (2): 97-99.

[43] 赵晨, 林晨, 周锦来, 等. 变革人力资源管理与领导行为对组织创新的组态效应 [J]. 科学管理研究, 2023, 41 (1): 52-59.

[44] 赵宏霞, 王国涛, 丁天维, 等. 平台化人力资源管理的维度结构、量表开发及影响效应检验 [J]. 中国人力资源开发, 2022, 39 (11): 21-38.

[45] 赵爽, 朱方伟, 苏永孟. 人力资源招聘中的逆向选择问题研究 [J]. 现代管理科学, 2017 (10): 30-32.

[46] 郑晓恒. 事业单位如何优化人力资源规划与配置 [J]. 人力资源, 2023 (4): 134-135.

[47] 钟鑫, 陈露, 李晶, 等. 关系型人力资源管理实践述评与展望 [J]. 中国人力资源开发, 2022, 39 (11): 62-73.